KB033856

노후를위해
접경지역에 투자하라
DMZ

적은 돈을 크게 키울 수 있는 월급쟁이의 마지막 희망

노후를위해 접경지역 DMZ 에 투자하라

우백 · 김혜정 지음

BM 황금부엉이

꿈을 이룰 기회의 땅이 여기에 있다!

자본주의 사회에서 '돈이 돈을 낳는다'는 사실을 모르는 사람이 있을까? 문제는 돈 없는 사람이 어떻게 돈을 버느냐. 나 또한 후자 쪽이었다. 적은 돈으로, 이성적이고 합리적으로, 그리고 합법적으로 돈을 벌 수 있는 방법이 무엇일까 고민했다.

그때 내 눈에 들어온 곳이 '파주'였다. 서울에서 차로 겨우 1시간 남짓이지만 왠지 멀게만 느껴지는 그 도시가 내게는 '기회의 땅'으로 다가왔다. 내친김에 지도를 펼쳐 놓고 서울 시청에다 컴퍼스를 꽂은 뒤 살펴보니 파주는 1시간 반경 안에 있는 지역 중 가장 땅값이 싼 곳인데도 불구하고 사람들의 관심을 받는 곳이 아니었다. '그 지역은 너무 위험하다, 싸다고 샀다가 무용지물이 될 수도 있다'는 인식이 전반적이고 개중에는 "접경지역 땅도 거래가 되나요?" 하고 물어보는 사람까지 있을 정도다. 그만큼 접경지역 부동산 투자는 낯설다.

금융업에 종사하는 사람으로서 판단하건대, 파주를 포함한 민통선과 비무장지대(DMZ)의 부동산은 충분히 매력적이다. 서울 한복판에서는 땅 한 평 살 수 없는 돈으로 파주에서는 내 땅과 집과 밭을 살 수 있다. 멋진 카페를 차릴 수도 있고, 노후를 대비한 세컨드하우스를 가질 수도 있다. 원한다면 그곳에 주말농장이나 가족캠핑장을 만들 수도 있을 것이다. 같은 액수로 '돈'의 가치를 최대한 높이는 방법, 내게는 그것이 '파주 인근과 민통선 부동산 투자'였다.

오랜 친구인 우백은 2012년부터 민통선 안에 땅을 사기 시작했다. 처음 매입한 땅은 대성동 주민들만 출입할 수 있는 DMZ 안의 밭이었다. 그 이후 기회가 될 때마다 꾸준히 투자를 이어오고 있다. 우리나라의 대북정책은 롤러코스터를 타고 오르락내리락하지만, 내 친구는 그것과 상관없이 '머지않은 미래에 통일의 장이 열릴 것이며, 그에 따라 저평가된 접경지역의 땅도 제 가치를 인정받을 날이 올 것이다'라며 환하게 웃었다.

2018년, 남북정상회담과 북미회담이 성공적으로 이어지면서 접경지대는 새로운 전기를 맞고 있다. '통일'에 대한 희망이 보이자 불과 몇 개월 전만 해도 찬밥 신세였던 접경지역의 부동산 가격이 뛰기 시작한 것이다. 정부에서는 대북 지원 정책을 속속 발표하고, 미국에서도 경제 지원과 협력을 약속했다. 당연히 이 모든 것이 접경지역 부동산 투자의 호재로 작용하고 있다.

이쯤 되면 "그럼 이미 오를 대로 오른 것 아닌가요?"라는 말이 나올 법하다. 그러나 그간 '땅값'이 아니라 '똥값' 취급을 받던 지역이다 보니 제대로 된 평가를 받으려면 아직도 멀었다. 실제로 북한과의 교류가 시작되고 왕래까지 가능해지면 그 가치는 훨씬 높아질 것이다. 물론 이렇게 말하는 사람도 있다.

"요즘 세상에 순진하게 진짜 통일이 되기를 바라는 사람이 어디 있어요? 낙후된 북한을 개발하려면 돈이 필요할 테고, 그러자면 당연히 우리 세금이 오를 테고. 게다가 남북이 떨어져 산 세월이 얼맙니까? 이젠 거의 다른 나라, 다른 민족이라고 봐도 딱히 틀린 말은 아닐 정돈데 그런 사람들끼리 만나 네가 옳니, 내가 옳니 하면서 맞춰 가려면 얼마나 피곤하고 답답하겠어요. 그 짓을 하느니 차라리 이대로가 낫지 않겠어요?"

일리 있는 말이다. 하지만 사람들의 마음은 필요해 의해 움직인다는 것을 잊지 말자. 정치적 이념보다 중요한 것이 '먹고사는 일'이며, 우리가 필요한 것을 북한이 갖고 있고 북한이 필요한 것을 우리가 갖고 있는 것이 사실이다. 굳이 '한민족'이라는 듣기 좋은 단어를 꺼내 들지 않아도 필요에 의해 협력할 수 있다는 말이다. 현실적으로 한반도 분단은 남과 북만의 일이 아니고, 통일도 단독으로 결정할 수 없는 문제지만 세계가 든든하게 지지하며 지켜봐준다면 머지않은 미래가 될 수도 있을 것이다.

남북 정상이 판문점에서 만나 회담하는 모습을 보면서 통일이 머지않았음을 예감한다. 바람이 훈훈해지면 봄이 오는 법이다. 그것이 자연의 이치다. 남북이 통일되었을 때 북한의 땅을 제일 먼저 밟아볼 수 있는 기회가 나에게 주어지기를 기대해본다. 그리고 이 책을 통해 보다 많은 사람들이 통일에 관심을 갖고 '기회의 땅'에서 부자의 꿈을 이룰 수 있기를 바란다.

2018년 김혜정

제2장

한반도의 통일과 함께 시작되는 부동산 혁명!

제3장

접경지역 투자, 당신이 궁금한 모든 것

제4장

접경지역 투자 상식, 이 정도는 알고 덤벼야 한다

제5장

접경지역 실전 투자 사례, 남들 돈으로 미리 보는 나의 미래

제

1

장

기회의 땅,
접경지역

'수단과 방법을 가리지 않고'가 아니라
'수단과 방법을 가려서' 투자한다.

1 부동산 투자가 '더' 안전하다고 말하는 이유

개천표 용의 멸종과 대물림되는 숟가락

요즘 20대는 '숟가락 세대'가 아닌가 싶다. 금수저, 은수저는 물론이요, 흙수저까지. 부모의 자산과 연수입에 따라 밥숟가락이 달라진다. 한 사람을 평가할 때 기준이 되는 것이 '숟가락'이며 정해진 기준을 충족해야만 비로소 숟가락의 계급이 올라간다.

흙수저에 이어 급기야 자신을 '플라스틱 숟가락'이라고 말하는 사람까지 등장했다. 흙수저라면 구워져 도자기가 될 것이라는 꿈이라도 있지, 플라스틱 숟가락은 한 번 쓰이고 버려지면 그만이다. 청년실업이 심각해지면서 아르바이트나 계약직, 일용직으로 사회생활을 시작하는 사람이 많다 보니 스스로에 대한 비하감이 생긴 것이다.

조선시대는 양반과 평민, 노비 신분이 있어서 계급에 따라 사회

활동에 제약을 받았으나 요즘은 '돈'이 얼마나 있는가에 따라 대접이 달라진다. 사장, 회장 아들은 아버지뻘 직원을 하대하고 아무렇지 않게 수족 부리듯 한다. 다 그런 것은 아니지만 '돈'만 믿고 눈살 찌푸릴 만한 행동을 서슴지 않는 이들이 종종 있다.

젊은이들 사이에서 숟가락 논란이 확산되는 걸 지켜보면서 '계급사회'의 한계를 절감하게 된다. 태어나 눈을 떠보니 부모가 강남 땅부자인 아이와 산골짜기에서 태어난 아이는 출발부터가 다르다. 산골짜기에서 태어난 아이의 능력이 아무리 뛰어나도 강남 아이의 경제 조건을 따라가려면 평생이 걸릴 것이다. 능력이 아무리 뛰어나도 계급을 뛰어넘는 것이 불가능해졌다는 뜻이다.

슬픈 일은 그러한 경제 조건이 대물림된다는 사실이다. '가난한 집안에서 태어나 4당 5락(4시간 자면 합격하고 5시간 자면 떨어진다) 정신으로 열심히 공부하여 서울대학교 법대에 합격했다. 졸업 후 쌍코피 흘려가며 공부해서 국가고시에 합격, 검사로서 명성을 쌓다가 변호사 개업하고, 중소기업 대표의 딸과 결혼하여 어쩌고저쩌고 잘 먹고 잘살았다'는 '개천표 용'의 전설은 사라진 지 오래다.

가난한 집에서 태어난 아이는 열심히 공부해도 독선생을 두고 과외를 받은 아이를 따라가기 힘들고, 피아노 학원이나 미술 학원 근처에도 못 가봤으니 재능이 있다 한들 빛을 볼 기회조차 쉽지 않다. 대학을 졸업해도 속칭 '백그라운드'가 없으니 사회에 나와 바로 출세의 노선에 들어설 수 없다. 비슷한 처지인 사람을 만나 결혼하고, 직장인으로 살다 명예퇴직한 후 통닭집을 개업하는 게 더 일반적인 이야기일 것이다.

돈이 계급인 시대, 주식보다 안전한 부동산 투자

현실이 이렇다 보니 '돈'은 계급을 나누는 현대판 족보가 되고 말았다. 그 계급을 뛰어넘어 부자의 계열에 합류하려면 로또에 당첨되는 길밖에 없는 듯하다. 아니면 연예인이 되거나. 하지만 그 또한 하늘의 별 따기만큼 어렵다.

그보다 조금 쉬운 방법은 없을까, 더욱 현실적인 방법은 없을까 고민하다가 마침내 얻은 결론이 '부동산'이다. 흙수저들이 잡을 수 있는 신분상승의 기회는 부동산 투자가 최적이다.

"그건 이미 20세기에 1막을 내리고 점점 수그러드는 추세 아닌가요? 에이, 요즘은 수익률 좋은 펀드가 얼마나 많은데 목돈을 땅에 묶어둬요?"

이렇게 말하는 사람도 있다. 하지만 주식이나 펀드의 수익률이 높다고 한들 부동산에 비할 바가 아니며, 위험 정도로 따져도 부동산이 훨씬 안전하다. 주식 투자하다가 깡통 찬 사람은 봤어도 부동산 투자하다가 깡통 찬 사람은 못 봤다. 적어도 땅은 남는다.

물론 주식이든 부동산이든 '어디에 투자하느냐'가 관건이다.

부동산 투자에도 통하는 가성비

그러니 어디에 어떻게 투자해야 할까? '가성비'라는 것이 있다. 가격 대비 성능비의 준말이다. '강남불패'라는 말처럼 강남의 부동산은 정부의 잇단 정책에도 불구하고 떨어질 기미가 보이지 않는다. 강남 아파트의 평당 가격이 4,000만 원을 웃도니 조금 과장하자면 한 평 가격이면 지방에서는 전세방까지 얻을 정도다.

10평이면 4억, 20평이면 8억, 50평이면 20억, 20평짜리 아파트를 8억에 사서 1~2년 사이에 10억에 판다면 그보다 훌륭한 투자는 없을 것이다. 3~4년이라도 괜찮다. 어쨌거나 5년이 되기 전에 2억 정도의 수익을 올릴 수 있다면 세전 25% 정도의 수익률을 올리는 셈이니 훌륭하다.

문제는 8억 원이란 돈을 어떻게 만들 것인가이다. 흔히들 말하는 것처럼 투자나 사업을 위해서는 종잣돈이 필요한데, 없으면 종잣돈 만들기 프로젝트부터 시작해야 한다. 8억 원이란 종잣돈을 만들려면 도대체 얼마나 오랜 시간이 필요한 것일까? 생각만 해도 머리가 아프다. 원래 그렇다. 없는 돈을 만들어내려면 머리가 아프다. 돈과 신용이 비례하는 세상이다 보니 돈 없이 은행에서 돈을 빌리기란 불가능하다. 전화만 해도 대출해준다는 대부업체들과 거래하려면 높은 이자와 엄격한 환수를 감내해야 한다. 일가친척, 형제자매에게 돈을 빌리기는 죽기보다도 싫고….

이렇게 복잡하고, 머리 아프고, 자존심 상하는 방법이 아니라 쉽고, 간단하고, 명쾌한 방법이 필요한데 그 기준은 가성비다. 내 경우 지방으로 가면 1억 원만 있어도 땅을 살 수 있으니 가성비가 가장 좋은 곳을 고르는 것이 관건이었다. 강원도, 전라도, 경상도, 충청도, 제주도. 여러 곳을 둘러봤지만 역시나 가장 매력적인 곳은 경기도였다. 그중에서도 파주, 연천, 철원 등의 접경지역은 안정성, 수익성, 유동성 면에서 모두 '가성비 갑'이었다.

착한 투자 vs 투기의 차이

투자에 앞서 꼭 유념해야 할 사항이 있다. 바로 투자와 투기의 차이점을 아는 것이다. 투자와 투기의 차이점은 무엇일까? 재테크를 하는 당사자는 자기 자신을 '투기꾼'이라고 하지 않고 모두 '투자가'라고 말한다. 그러나 외부의 시선은 명확하다.

투자와 투기 모두 부동산 거래 차익을 통해 수익을 내는 것이 목적이므로 외형적인 형태는 같다. 그러나 당사자의 의식과 가치관, 판단 기준, 목적자금의 출처 등에 따라 서로의 방향이 달라진다.

예를 들어, 친구 따라 강남 갔다가 친구가 땅 산다는 말에 자기도 샀다면 이것은 투기다. 하지만 친구 따라 강남 갔다가 친구가 땅 산다는 말에 '이 친구는 왜 강남땅을 사지?' 하고 의문을 품은 뒤 근거를 알아보고, 공부하고, 장기적인 안목에서 봤을 때 강남땅의 입지가 뛰어나 활용가치가 높다고 판단하여 샀다면 이것은 투자다. 투기에 대해서는 곱지 않은 시선으로 바라보지만, 투자에 대해서는 다들 관심을 갖는다.

나는 투자 중에서도 '착한 투자'를 지향한다. 착한 투자란 자신이 감당할 수 있는 정도의 자본을 이용해, 위험 부담이 적고 장기적인 안목으로 접근하는 투자를 말한다. 법적으로는 물론 도덕적으로도 가책이 없고, 투자를 통해 공공의 이익에 기여할 방법은 없는지 모색한다. '수단과 방법을 가리지 않고' 투자하는 것이 아니라 '수단과 방법을 가려서' 투자한다. 접경지역을 '기회의 땅'으로 보는 근거와 확신도 그것이 '착한 투자'이기 때문이다.

2

인생 역전 첫걸음, 내 현실에서 종잣돈 만들기

사과를 따려면 먼저 사과 씨앗을 심어야 하는 것처럼 큰돈을 모으려면 먼저 씨앗이 될 돈을 만들어야 한다. 이것이 '종잣돈'이다. 집을 사든 사업을 하든 뭔가를 시도하려면 종잣돈이 필수다. 아무것도 가진 것 없이 단박에 부자가 되는 방법은 없다. 로또를 사려고 해도 돈이 들지 않나. 어찌 보면 부자의 삶으로 들어가기 위한 첫 번째 관문은 천만 원, 1억 원의 종잣돈을 만드는 것이라고도 할 수 있다.

우리나라에서 종잣돈을 만드는 방법은 뻔하다. 가장 일반적인 것은 적은 금액의 돈을 꾸준히 저축하거나 소액으로 주식이나 펀드에 투자하여 큰돈을 만드는 방법이다. 거기에 소득을 늘리고 지출을 줄임으로써 순소득을 늘릴 수 있다. 자산을 늘리고 부채를 줄임으로써 순자산을 늘리는 방법도 있다. 방법이야 명확하지만 막상 실천하려면 난감하다. 하늘에서 돈이 뚝 떨어지지 않는 이상 수입이 갑자기

확 늘어날리 없으니 이리저리 계획을 세워본들 무슨 돈으로 그것을 실천한다는 말인가.

<table>
<tr><th colspan="4">부자가 될 수 있는 수입 분배</th></tr>
<tr><th></th><th>부자가 될 가능성 낮음</th><th>적당</th><th>부자가 될 가능성 높음</th></tr>
<tr><td>생활비 지출 규모</td><td>40% 초과</td><td>30~40%</td><td>30% 미만</td></tr>
<tr><td>저축과 투자 규모</td><td>45% 미만</td><td>45~55%</td><td>55% 초과</td></tr>
</table>

직장인: '했다 치고' 신공!

직장인만큼 종잣돈 마련하기에 좋은 시스템을 갖춘 사람은 없다. 일단 정해진 날, 일정한 액수의 소득이 발생하며 변수가 없는 한 지출도 거의 일정하다. 하지만 '월급은 사이버머니'라는 말처럼 액수가 통장에 찍히자마자 자동이체를 통해 다 빠져나가고 한 달 동안 쓸 용돈마저도 빡빡하니 도무지 돈이 생겨날 구멍이 없다.

이때 적절한 방법이 '했다 치고' 신공이다. 직장인들은 대개 점심을 밖에서 사 먹는데, 식사 후에 습관처럼 커피숍에 가서 커피 한 잔을 마신다. 그런데 이 커피 한 잔 가격이 만만찮다. 대개 2,000~4,000원이고 과일주스는 5,000원을 훌쩍 넘는다. 좋아하는 후식을 먹지 말라는 것이 아니다. 커피숍 커피 대신 사무실에 들어와 믹스 커피로 대신하면서 '먹었다 치고' 자리에 앉으면 그것도 그리 나쁘지 않다. 그렇게 한 달만 해도 월 10만 원짜리 적금을 부을 수 있다.

　일주일에 두세 번 마시던 술을 한두 번으로 줄이고, 담배는 끊는다. 신발과 옷 등을 '샀다 치고' 지난해 입던 것을 몇 해 더 입는다. 구두는 직접 닦아서 신고, 푼돈 나가는 것에 인색하게 군다. 진짜 필요한 것인지, 있으면 좋겠다 싶은 것인지, 별로 필요하지 않지만 호기심이 생긴 것인지 여러 번 생각한 다음 정말 필요한 것만 구입한다.

　평생 그러라는 것이 아니라 종잣돈을 모으는 시기인 3~5년만 한 번 해보라는 것이다. 종잣돈 모으기에 성공한 사람은 절제력과 의지력이 강한 사람이므로 투자를 할 때도 성공할 확률이 높다. 3~5년의 불편함이 30~50년의 안락함을 만든다는 사실을 기억하라.

자영업자: 수입의 20%는 무조건 저축!

자영업자는 소득과 지출이 일정하지 않고 근무시간이 긴 경우가 많다. 그래서 규모 있는 지출을 하거나 계획을 세워 저축하기가 어렵다. 자영업의 특성상 언제 무슨 일이 생길지 모르므로 목돈이 생기면 입출금이 자유로운 통장에 넣어두었다가 필요할 때 꺼내 쓰는 게 보통이다. 하지만 알다시피 우리나라의 보통예금은 이자율이 매우 낮아서 재테크 수단이 되지 못한다. 그러므로 적은 금액이라도 저축을 하는 것이 좋은데, 문제는 '남는 돈이 있어야 저축을 한다'는 점이다. 생활비나 교육비, 문화비 등 다 빼고 나면 남는 게 없는데 무엇으로 저축을 한단 말인가.

자영업자의 경우 저축 액수가 자유로운 자유적립식 적금 상품이 적당하다. 수입이 생기면 그중 20% 이상을 무조건 저금하고, 나머지 돈으로 기타 필요한 비용을 해결해나간다. 그리고 무엇보다 가계부를 작성하는 것이 중요하다. 직장인들은 생활 패턴이 거의 비슷하므로 돈의 흐름을 파악하기가 쉽지만, 자영업자의 경우는 가계부를 적지 않으면 현금의 흐름을 알아보기 어렵다. 사업상의 수입 지출만이 아니라 개인경비까지 다 기록해서 지출을 살핀다. 가계부를 써보면 지출을 객관적으로 통제할 수 있는 힘이 생긴다.

자영업자에게는 '선택'과 '집중'이 매우 중요하다. 지금의 사업체를 잘 경영해가면서 또 다른 종잣돈을 만들어야 하기 때문에 적정한 선에서 양다리를 걸치지 않으면 가랑이가 찢어질지도 모른다. 일단 종잣돈을 모으기로 결심한 동안에는 사업을 확장하기보다 현재의 일에 집중해서 매출을 늘리는 방안을 고민해야 한다. 벤치마케팅, SNS 마케팅 등 각종 마케팅과 이벤트를 통해 현재 사업에서 매출을 늘릴 수 있는 방법을 찾아야 한다. 그것이 1차 목표이고, 적은 돈이든 많은 돈이든 수입이 생겼을 때는 무조건 20% 이상을 적금으로 넣은 다음 나머지 돈으로 생활하는 것이 2차 목표다.

주부: 예상외 지출 관리와 부업

실제적인 가정경제권을 쥐고 있는 사람이자 가족의 건강과 대소사를 책임져야 하는 주부는 재테크에서도 더욱 복잡한 계획을 세워야 한다.

우선 고정지출 목록을 작성하고 그것의 순위를 정한다. 물론 이때도 가족 전체 수익 중 30% 이상을 저축으로 먼저 빼놓고, 나머지 금액으로 지출의 예산을 세운다. 제사나 경조사 등을 위해 예비비를 만들어 놓고, 보너스 등 뜻밖의 수익이 생겼을 때는 추가 납입이 가능한 보험이나 적금에 바로 적립한다. 쉽게 들어온 돈은 쉽게 나가기 마련이니 바로 넣지 않으면 금세 먼지처럼 날아가버린다.

전업주부라면 부업거리를 생각해볼 수도 있다. 요즘은 집에서도 할 수 있는 다양한 형태의 부업이 많다. 컴퓨터 활용이 능숙하거나 SNS를 관리할 수 있다면 사무보조나 마케팅 분야에서 부업을 찾아보자. 글솜씨가 좋다면 상품을 무료로 받아본 뒤 사용 후기를 올리는 부업도 인기 있다. 자신이 재능을 발휘할 수 있는 분야, 아이디어를 갖고 있는 분야가 있다면 관련 공모전을 찾아서 적극적으로 응모하는 것도 가정 경제에 보탬이 된다. 요리에 소질이 있다면 지인들에게 반찬을 만들어서 배달해주는 부업도 가능하고, 바느질에 소질이 있다면 지역 커뮤니티나 구민회관에서 강사 자리를 얻는 것도 가능하다. 요즘은 쉽고 빠르게 기술을 익히려는 사람들이 많기 때문에 일대일 강습도 많이들 한다. 아이를 돌봐주는 일이나 반려동물을 보살펴주는 일도 커뮤니티를 통해 알아볼 수 있고, 초등학교 도서관 관리나 방과후 수업 시간에도 주부를 채용하는 학교가 많다.

3 그래서 지금 돈 되는 부동산은 어디일까?

옛 속담에 '눈이 보배'라는 말이 있다. 눈썰미가 있는 사람은 모래 속에서 금을 찾아내고, 바위 속에서 보석을 캐낸다. 남들 눈에는 한낱 모래요 바윗덩어리지만 안목을 가진 사람의 눈에는 금과 보석으로 보인다. 처음부터 그렇게 특별한 눈을 가질 수는 없으니 배우면 된다. 일단 부동산 투자에 필요한 종잣돈을 마련했다면 이제부터는 '돈 되는 부동산'은 어디일지를 보는 눈을 키워야 한다.

부동산 진리 하나: 과거에 중요했던 지역은 지금도 중요하다!

군사적 측면에서건 경제적, 문화적 측면에서건 '과거에 중요했던 지역은 현재에도 중요하다'는 진리는 변함이 없다. 과거 고구려, 백제,

신라 모두 한강 유역을 손에 넣기 위해 전쟁을 벌였고, 현재도 그 지역은 가장 땅값이 비싼 곳이다.

한강뿐만이 아니다. 고구려와 백제가 맞서서 한 치도 양보할 수 없었던 대치 지점이 바로 압록강이다. 백두산 천지 부근에서 발원하여 황해로 흘러드는 압록강은 뗏목을 이용해 벌채된 원목을 보내는 훌륭한 물류 유통 지역이었고, 유역에 금·은·납·아연·흑연·운모 등 풍부한 지하자원이 있으며, 적과의 적절한 거리를 유지해주는 경계선이자 썰물 때는 육로를 내어주는 천혜의 요지였다.

부동산 진리 둘: 땅값은 길을 따라간다

한 나라의 경제 발전에서 도로는 매우 중요하다. 대외적으로는 주변 국과의 무역을 가능하게 하며, 대내적으로는 지방과 중앙을 연결해주는 소통의 수단이 된다. 도로(길)가 어떻게 어떤 방향으로 발달되어 있느냐에 따라 세계사에 족적을 남길 수도 있고, 소외될 수도 있다. 또 지방의 토호세력에 휘둘릴 수도 있고, 강력한 중앙집권국가로 거듭날 수도 있다.

세계를 주름잡았던 로마는 지중해 교역로의 중심이었으며, 로마로 가는 도로 건설에서부터 식민지 개척을 시작했다. 몽고제국은 실크로드 교역로를 통제해서 번성했고, 역참제로 더 빠르고 정확하게 정보를 입수하고 명령을 하달해 주변 나라를 정복했다. 이후 정복한 영토의 온갖 사건을 단 며칠 만에 파악하여 신속하게 통치에 반영했다.

조선에는 한양을 중심으로 조선 팔도를 이어주는 6개의 큰길, 지금으로 따지면 고속도로가 있었다. 현재 조선의 옛길은 고속도로와 철도가 뚫리면서 그 흔적조차 찾아보기 힘들지만 당시에는 사람들의 왕래가 잦았다. 옛길을 통해 조선 팔도에 있는 선비들이 한양으로 과거시험을 보러 갔고, 죄인이 유배를 갔으며, 보부상들이 비단·화선지·유기 등을 지게에 짊어지고 장삿길을 떠났고, 유사시에는 파발마가 외적의 침입을 알리기 위해 달리기도 했다.

사람의 왕래가 잦다 보니 길목 곳곳에 주막과 시장이 생겨났으며, 교통로 주변 마을은 점점 번성해서 큰 도시로 발전했다. 당연히 도로가 모이는 요지와 주요 길목의 부동산이 오를 수밖에 없었던 것이다.

그러나 조선시대에는 도로가 잘 정비되어 있으면 외적이 쉽게 한양을 침략할 수 있다고 하여 도로 건설에 심혈을 기울이지 않았다. 그 대신 강과 바다의 뱃길을 이용해서 세금과 물품을 운송했다. 그러나 뱃길을 이용한다고 해도 어차피 육로를 통해 다시 운송해야 하므로 포구와 마을을 잇는 도로가 자연스럽게 발달했다.

한양에서 조선 팔도를 이어주던 6개의 큰길

의주대로 : 한양에서 파주, 평양, 의주를 거쳐 중국을 이어주는 가장 번성했던 길로, 현재 경의선 라인(서울, 파주, 개성, 평양, 신의주)의 축

경흥대로 : 한양에서 포천, 원산, 라선시를 거쳐 연해주를 이어주던 길로, 현재의 경원선 라인(서울, 양주, 철원, 원산, 함흥, 라선)의 축

관동대로 : 한양에서 강원도 강릉, 울진을 이어주던 길로, 현재의 영동선 라인의 축

영남대로 : 한양에서 경상도 부산을 이어주던 길로, 현재의 경부선 라인(서울, 천안, 대전, 대구, 부산)의 축

삼남대로 : 한양에서 전라도 해남을 이어주던 길로, 현재의 호남선 라인(서울, 천안, 전주, 광주)의 축

강화대로 : 한양에서 강화도를 이어주던 길(예전에는 인천보다 강화가 중요)로, 경인선 라인의 축

그중 가장 번성하고 중요했던 도로가 지금의 경의선 라인인 의주 대로였다. 이곳은 삼국시대부터 중국의 사신이 왕래하고, 세자책봉 을 승인받기 위해 우리나라 대신이 중국으로 가는 길이었으며, 비 단 · 인삼 · 귀금속 등의 조공을 싣고 가는 길이기도 했다. 또 임진왜 란 때 선조 임금이 왜적을 피해 중국으로 파천했던 길이었고, 원나

라와 청나라 때 수많은 백성이 중국으로 끌려갔던 길이었으며, 중일 전쟁 때 일본이 중국을 침략하기 위해 교두보로 삼았던 공격로이기도 하다.

　대부분의 옛길은 터널이나 다리 등의 토목공사 없이 오랫동안 사람들의 왕래를 통해 저절로 만들어진 것들이라 구불구불하고 좁아 마차가 다닐 수 없었다. 중국 대륙을 침략하기 위해 호시탐탐 기회를 노리던 일제는 제일 먼저 보행로 위주였던 조선의 옛길을 허물고 차도와 철도를 만들었다. 그래서 지금은 옛길이 자취를 감추고 등산로나 여행 보행로로 간신히 명맥만 유지하고 있다.

4

40~50대 은퇴예정자에게 민통선 투자가 최적인 이유 5가지

베이비부머(baby boomer)란 전쟁 이후 급격하게 출산율이 증가하는 시기에 태어난 세대를 말한다. 이 베이비붐 세대는 태어나서 죽을 때까지 치열한 경쟁 구도 속에 살아갈 수밖에 없다.

미국은 제2차 세계대전 이후인 1946년부터 1965년 사이에 태어난 세대를 말하고, 일본은 1946년부터 1949년 사이에 태어난 세대를 말한다. 우리나라의 경우 한국전쟁 휴전 이후인 1955년부터 산아제한 정책이 시작되기 직전 해인 1963년까지 태어난 세대가 이에 해당한다.

우리나라의 베이비붐 세대는 약 716만 명으로 전제 인구의 14.6%를 차지하고 있다. 이들은 2010년부터 본격적으로 은퇴를 시작해서 2015년부터 노인 세대로 진입하기 시작했다. 자의든 타의든 일선에서 한 걸음 물러나 노후를 준비해야 하는 것이다. 은퇴를 앞둔 직장인이든 이미 은퇴한 사람이든, 그들의 최대 고민은 노후다. 한국인 평균수명이 80세를 넘어섰고, 특히 여자의 기대수명은 85세가 넘는다. 사망 전 평균 17년간 병원 신세를 진다는 통계에서 알 수 있듯이, 한 살이라도 젊었을 때 병원비를 벌어놓지 못하면 자식들에게 짐이 될 수밖에 없는 신세다.

요즘 은퇴를 앞둔 40~50대 직장인 중 수도권 지역 민통선 토지투자에 관심을 갖는 이가 많아지고 있다. 민통선 투자는 주말농장이나 세컨드하우스, 귀농 생활, 부동산 투자, 임대로 인한 연금성 소득 발생 등 모든 것이 가능하기 때문이다. 필요에 따라 다양하게 활용할 수 있으니 인기가 있을 법하다. 그럼 민통선 투자의 활용 이점은 무엇인지 하나씩 살펴보자.

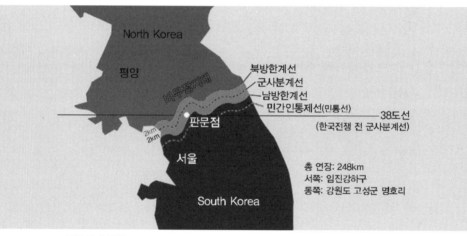

▲ 민통선의 위치

1. 주말농장

주말농장은 도시 변두리의 휴경지를 이용하여 텃밭을 가꾸는 형태로, 주로 주말을 이용해 가족 단위로 경영을 하기 때문에 '주말농장'이라고 불린다. 많은 시간과 비용을 들이지 않고 오이, 상추, 고추, 호박, 감자, 토마토 등의 농작물을 재배하거나 닭, 오리, 염소 등의 가축을 기를 수 있다. 상업적으로 재배하는 것이 아니라서 취미처럼 여가생활을 누릴 수 있고 가족의 화목도 도모하며 채솟값도 아낄 수 있기 때문에 도시민들 사이에서 인기가 많다.

특히 파주, 연천, 김포는 서울 수도권에서 그리 멀지 않고 교통도 편해 주말농장으로서 위치가 좋다. 주말에는 교통 혼잡 없이 달릴 수 있기 때문에 드라이브 코스로도 손색이 없다. 민통선 지역은 군인들이 항상 주둔하고 있어 범죄로부터 안전하고, 공해로부터 자유로운 청정지역이다. 민통선으로 들어서는 순간 달라진 공기를 느끼며 저절로 기분이 좋아질 것이다.

2. 귀농 생활

귀농을 선택한 사람 대부분이 3년 안에 실패하고 다시 도시로 돌아온다고 한다. 낭만적이고 목가적인 농촌 생활을 기대하고 시작하지만 막상 해보면 심심하기 그지없고, 마을 사람들과의 융화도 어렵다는 것이 이유다. 햇볕 쨍쨍한 곳에서 일하는 것도 익숙하지 않은 데다가 겨울에는 춥고, 여름에는 파리와 모기에 시달리는 것도 힘들다. 농작물 수확도 기대와 달리 변변치 못하다. 가진 돈은 점점 줄어들고 아이들은 도시로 돌아가자고 성화다. 마음의 평화를 위해 선택한 일이지만 정작 농촌은 또 다른 전쟁터가 되기 일쑤다.

사실 30년 넘게 도시 생활을 하다가 갑자기 농촌으로 내려와 생활하려니 힘들 수밖에 없다. 이런 귀농 실패 사례가 알려지자 요즘은 출퇴근 귀농이나 세컨드하우스 개념의 귀농이 인기다. 즉, 농촌에 집을 두고 살면서 도시로 출근하거나 도시에서 살면서 주말마다 농촌으로 내려와 쉬다가 다시 도시로 돌아가는 형태다. 이렇게 하면 친구나 지인과의 관계도 계속 유지할 수 있고, 몸이 아프면 바로 병원에 가고, 문화생활이 그리울 때면 영화관이나 백화점에서 시간을 보내면 된다. 그러다가 드라이브하듯이 농촌으로 가서 자연을 만끽할 수 있으니 이보다 멋진 일이 어디 있을까.

배우자와 자녀한테 부담도 주지 않는다. 은퇴 후 '백수'가 아니라 '도시농민'이라는 멋진 직함도 가질 수 있다. 가끔 친구나 친척을 초청해서 삼겹살 바비큐 파티라도 하면 다들 부러운 시선을 보낼 것이다.

이런 도시농민은 실패 확률이 적고 적응하기도 쉬워서 귀농의 새로운 형태로 자리 잡는 추세다. 만약 이런 귀농 생활을 꿈꾼다면 수도권에서 1시간 거리인 민통선 농지보다 좋은 곳은 없다.

제 1 장

3. 세컨드하우스(Second House): 농막 설치

내 집 한 채 갖기도 힘든 세상에 '별장'은 언감생심 꿈도 못 꿀 일이다. 전원에서 휴식하면서 쉬고 싶을 때는 펜션이나 콘도에 가서 며칠 머무르는 게 보통이다. 그런데 기껏 쉬고 와서 사람들은 말한다. 집 떠나면 개고생이라고. 쉬러 가서 고생이라니 배부른 투정일까?

  아니다. 집 떠나면 고생인 게 맞다. 아무리 시설이 좋은 펜션이나 콘도라고 해도 내 집이 아니다 보니 내 집처럼 편하지는 않다. 작더라도 내 집처럼 누구에게도 간섭받지 않는 공간이 필요한 것이다. 사람들은 그런 공간으로 세컨드하우스를 선택했다. 그래서 도시 근교에 작은 집을 하나 얻어 두고 며칠씩 쉬었다 온다. 지인들을 초대해 1박 2일을 보내기도 하고, 작업 공간으로 쓰기도 한다.

민통선 농지에는 소박한 세컨드하우스 개념으로 '농막'을 설치할 수 있다. 농막은 원래 농자재나 농기계를 보관하고, 수확한 농산물을 간이처리하기 위해 설치한 총면적 20㎡ 이하의 창고 같은 시설을 말한다. 중고 컨테이너를 농막으로 사용하는 경우도 있지만 통나무로 집을 짓거나 예쁘게 만들어진 기성 농막을 주문해서 설치할 수도 있다.

농막은 건축물로 등록되진 않지만 전기를 끌어오면 냉장고, TV, 전자레인지 등의 가전제품과 주방, 욕조시설, 침대까지 설치할 수 있다. 본인이 원하는 형태로 농막을 활용할 수 있고, 본인의 취향대로 예쁘게 꾸밀 수도 있다. 민통선 농지에는 건축행위가 어렵지만 농막 설치는 가능하다. 그리고 현재는 숙박이 허용되지 않지만 남북관계가 좋아지면 숙박까지 허용될 것이라 예상한다. 만약 민통선 안에서 숙박하고 싶다면 농지가 아닌 민통선 마을에 세컨드하우스를 얻거나, 민통선 밖 농지에 농막을 설치하면 된다.

4. 투자: 예·적금보다 나은 부동산 투자

우리나라에서 합법적으로 투자가 이루어지고 있는 분야는 예 · 적금, 주식, 부동산, 이렇게 세 가지다. 환금성, 수익성, 안정성이라는 측면에서 봤을 때 이 세 가지는 각각 장단점이 있다.

○ 좋음, △ 보통, × 좋지 않음

	안전성	환금성	수익성
예 · 적금	○	○	×
주식	×	△	× ○
부동산	△	×	△ ○

예 · 적금은 안전성과 환금성은 좋으나 투자 수익성이 안 좋고, 주식은 환금성과 수익성이 좋으나 원금을 모두 날릴 수 있어 안전성에 문제가 있고, 부동산은 안전성과 수익성은 좋으나 환금성에 취약하다. 그러므로 어느 한 곳에 몰아서 투자하기보다는 투자자금을 적절하게 배분하여 포트폴리오를 구성하는 것이 좋다.

부동산 투자의 기본 자금은 통상 적게는 1억 원에서 많게는 5억 원 정도다. 프랜차이즈 커피숍 하나를 차리는 데 3~5억 원이 소용되는 요즘 1억 원은 돈도 아니라며 그 돈으로 뭘 할 수 있냐고들 하지만, 막상 직장인이 월급을 모아 1억 원을 만들려면 1년에 1,000만 원씩 10년을 모아야 하는 액수다. 생활비에 교육비, 이것저것 다 빼고 1년에 1,000만 원 모으기가 어디 그리 쉬운가. 하지만 이렇게 힘들여 모은 1억 원으로 수도권에서 10평대 빌라 한 채 사기도 버겁다.

하지만 민통선 지역에서는 이 금액이면 500~2,000평가량의 논과 밭을 장만할 수 있다. 작은 평수가 아니다. 주식처럼 휴지 조각이 될 일도 없고 언제든지 찾아가서 쉬거나 주말농장으로 이용할 수도 있는 실물재산이다.

부동산의 가장 취약한 점이 환금성인데, 투자 금액이 많지 않기 때문에 유사시 팔기도 쉬우므로 환금성은 걱정하지 않아도 된다. 가장 중요한 수익성으로 따져보자면, 미래가치에 비해 상당히 저렴하게 구입했기 때문에 높은 수익성을 기대할 만하다. 원금대비 2~3배는 기본이며, 10배 이상도 가능하다. 이렇듯 안전성, 환금성, 수익성을 모두 챙길 수 있는 것이 수도권 지역의 민통선 토지투자다.

5. 연금성 소득: 주택연금보다 나은 농지연금

베이비부머들의 노후는 쓸쓸하다. 그들에게는 '부모는 당연히 자식이 모셔야지'라고 생각하는 부모님이 계시고, '우리 살기도 버거운데, 부모님은 당신들이 알아서 사셔야지'라고 생각하는 자식들이 있다. 자식들 뒷바라지하면서 어렵게 부모님을 모셨지만 정작 자신들의 노후는 스스로 책임져야 한다. 한편으로는 부모님이 원망스럽고 자식들에게 서운한 마음이 드는 것도 사실이다. 책임과 의무를 도맡다 보니 노후를 준비할 여력이 없었다. 국민연금과 개인연금을 받더라도 여전히 부족하다. 이럴 때 접경지역 일대에 사둔 농지는 효자 노릇하기에 충분하다.

노인 중에는 '주택연금(역모기지론)'으로 생활하는 분들이 있다. 주택연금이란 본인 소유의 주택을 담보로 생활자금을 연금처럼 받다가 사후에 남은 금액을 자녀한테 상속하는, 나라에서 운영하는 안전한 연금제도다. 노후 준비가 부족하고 아파트 한 채 달랑 남은 보통의 베이비붐 세대에게 딱 좋다.

주택연금의 장점

① 가입자나 배우자 모두 본인 소유의 주택에서 평생 살 수 있다.
② 부부 중 한 사람이 사망해도 연금 감액 없이 100% 같은 금액을 지급받는다.
③ 국가가 연금 지급을 보증하기 때문에 연금 지급 중단을 걱정할 필요가 없다.
④ 연금 수령액이 집값을 초과해도 상속인에게 초과 금액을 청구하지 않으며, 반대로 집값이 남으면 상속인에게 잔여 금액을 지급한다.

한 가지 더! 주택연금과 동일하게 국가에서 운영하는 제도가 있으니 그것이 바로 '농지연금'이다. 차이가 있다면 영농 경력 5년 이상, 만

65세 이상의 농민을 대상으로 시행한다는 것이다.

'그럼 직접 가서 농사를 지어야 하나?'라는 걱정은 필요 없다. 민통선이 아닌 다른 지역에서 농사를 짓던 사람도 나중에 민통선 농지를 구입했을 때 농지연금을 신청할 수 있다. 단, 신청 당시 농지원부(농지의 소유나 실태를 파악하여 효율적으로 관리하기 위해 작성하는 장부)를 가지고 있어야 하며, 일정 기간(통상 5년) 동안 실제로 경작했음을 증명해야 한다. 국민연금이든 주택연금이나 농지연금이든, 국가 재정과 상황에 따라 변동이 있을 수 있으므로 실제 매입 시점에서 다시 한번 확인해보는 것이 좋다.

주택연금은 주택을, 농지연금은 농지를 담보로 연금액을 평가하기 때문에 연금을 많이 받고 싶다면 부동산 가격의 상승 가능성을 고려해야 한다. 우리나라 부동산의 역사를 보면 주택 가격보다 토지 가격의 상승폭이 2배 이상 높았으며, 미래에도 이런 패턴은 크게 변하지 않을 것으로 보인다.

	주택연금	농지연금
시행 기관	한국주택금융공사	한국농어촌공사
수급 대상	만 60세 이상 1세대 1주택자 9억 원 이하 주택	만 65세 이상 영농 경력 5년 이상 농지 총면적 3만㎡ 이하
대출 형태	역모기지	역모기지
연금 평가 기준	감정가의 80%	공시지가 또는 감정가의 80%
특징	• 소유한 주택을 담보로, 노후 자금을 연금 형식으로 지급 • 소유 주택에 거주 보장	• 소유한 농지를 담보로, 노후자 금을 매월 연금 형식으로 지급 • 소유 농지에 경작 보장

이렇듯 수도권 민통선 지역의 땅은 큰돈 들이지 않고 일석오조(一石五鳥)를 얻을 수 있는 최고의 투자처다. 지금까지 고생한 인생살이를 아름답고, 품위 있고, 여유롭게 장식할 최상의 기회다.

제

2

장

한반도의 통일과 함께 시작되는 부동산혁명!

'수단과 방법을 가리지 않고' 가 아니라
'수단과 방법을 가려서' 투자한다.

1

왜 통일이
될 수밖에 없나?

남한의 문제와
북한의 문제

통일을 '필연'이라고 말하는 데 의문을 제기하는 사람들이 있다. 지금도 별다른 문제 없이 잘살고 있는데, 괜히 통일했다가 혼란스러워지면 어떡하냐며 손사래를 치기도 한다. 하지만 개인이 거부할 수 있는 문제가 아니다. 남한과 북한 모두 통일을 할 수밖에 없는 상황에 놓였기 때문에 필연적으로 화해의 손을 내밀게 되는 것이다. 그 근거를 들어보자.

남한의 문제

1. 고령화
우리나라의 가장 시급한 문제는 급속도로 진행되고 있는 고령화다.

베이비붐 세대인 1955년생과 미니스커트 세대인 1970년생이 60대 중반과 50대 초반에 접어들고 있다. 우리나라 국민의 평균 수명은 80세를 훌쩍 넘어섰으며, 2017년 신생아 출생률은 1.05명이다. 이 말은 곧 생산을 담당하던 인구 중심축이 줄줄이 은퇴하면서 세금을 낼 중심 인구가 사라짐과 동시에 국민연금과 건강보험료의 지출이 늘어난다는 것을 의미한다. 문제는 그 뒤를 이어 생산 활동을 하면서 세금을 낼 인구는 줄어들고 있다는 것이다. 국가 경제가 위태로워지는 것은 자명한 일이다.

2. 청년 실업

4차 산업혁명 시대를 맞아 로봇과 인공지능이 발달하면서 점점 인간의 노동력이 불필요한 사회로 진화해가고 있다. 100명이 하던 일을 로봇 한 대가 도맡다 보니 인간의 일자리는 그만큼 줄어들었다. 더구나 고령화 사회로 접어들면서 일자리를 두고 노인과 청년이 서로 경쟁하고 있고, 그만큼 청년들의 일자리는 더 줄어든다. 노사가 일자리 나누기 캠페인을 벌이고 있지만 실효를 거두진 못하고 있는 상태다.

일자리를 구하지 못한 청년들은 자립하지 못한 채 늦은 나이가 되도록 부모에게 얹혀살아간다. 속칭 '캥거루족'이다. 직장이 없어 자립하지 못하니 결혼은 엄두도 못 내고, 뒤늦게 결혼을 하더라도 아이를 낳아 키우는 것이 부담스러워 출산을 미루거나 아예 포기하고

만다. 그래서 3포(취업, 결혼, 출산 포기) 세대니 5포(3포+인간관계, 집 장만 포기) 세대니 하는 말이 나온 것이다. 청년들이 사회에 뿌리를 내리지 못한 채 아르바이트를 전전하며 떠다니는 현상은 대한민국의 어두운 미래를 알리는 서막이다.

3. 중산층의 몰락

중산층은 사회를 든든하게 받쳐주는 허리기 때문에 두터울수록 좋다. OECD(경제협력개발기구)에서 사용하는 세계적인 기준에 따르면 중간값 소득의 50~150% 사이의 소득 계층이 중산층이다. 쉽게 말하면 우리나라 사람들을 소득 순서대로 줄 세워 놓고 딱 가운데 있는 사람을 기준으로 정한 뒤 그 사람의 소득 절반보다는 많고 1.5배보다는 적은 계층이다. 이 기준으로 봤을 때 우리나라 전체 인구의 67%가 중산층이다.

그런데 대한민국 중산층에게 위기가 닥쳤다. "당신은 중산층입니까?"라는 질문에 2030세대 청년 중 63.8%가 자신을 하위층이라고 답했고, 35.2%만이 중산층이라고 응답했다. 이유가 무엇일까?

그것은 '상대적 빈곤감' 때문이다. 우리 사회는 나이와 상관없이 상대적 빈곤감에 빠져 있다. 20~30대 청년층은 '열정페이'라는 미명 아래 지쳐가고 있고, 학자금 대출을 고스란히 떠안은 채 사회생활을 시작한다. 높은 취업의 문 앞에서 절망하면서 '영원히 빈곤에서 벗어날 수 없을 것'이라는 불안감과 박탈감을 느끼게 되었다.

40~50대는 퇴직 이후 노후를 고민하면서 위기감을 느낀다. 직장에서는 최대한 오래 버티기 위해 눈치를 보고, 가정에서는 사춘기를 맞은 자녀들에게 소외당한다. 어느 곳 하나 마음 편하게 쉴 곳이 없다는 허무함과 보상받지 못한 노력에 대해 감정적으로 지쳐 있다.

60~70대는 퇴직 후 고령화에 접어든 세대로, 왕성하게 활동하던 때와 달리 주변 관계도 생활수준도 낮아진다. 자식 다 키워놓으면 여유가 생길 것 같았는데 막상 닥치고 보니 쓸쓸하고 궁핍하다. 자식들에게 짐이라도 될까 봐 경제 활동을 해보려 하지만 쉽지 않다.

이러한 마음들이 상대적 빈곤감을 부추긴다. 다른 사람들은 큰 걱정 없이 사는 것 같고 하는 일이 술술 풀리는 것 같은데, 유독 나한테만 불행이 닥친 듯이 느껴지는 것이다.

4. 자영업자와 중소기업체의 위기

우리나라의 경제는 대만처럼 중소기업 중심이 아니라 대기업 중심으로 발전되었기 때문에 중소기업체는 항상 대기업의 '갑질'을 감내해야 한다. 고생해서 개발한 제품이나 사업 아이템을 한순간에 대기업에게 빼앗기고, 대기업의 하청업체로 전락하는 경우가 비일비재하다.

IMF 사태 이후 명퇴한 직장인들은 대거 치킨집과 카페 창업으로 몰렸다. 그러나 개인이 운영하는 치킨집과 카페는 요란한 인테리어와 서비스로 무장한 프랜차이즈 가맹점을 이길 수 없었고, 프랜차이즈 가맹점은 한 집 건너 한 집인 치킨집과 카페 안에서 살아남기 위해 제 살을 깎아먹는 경쟁을 했다. 그렇지만 결국은 프랜차이즈 본사의 배만 불리고 파산하는 사람이 더 많았다.

5. 대한민국의 위기

우리나라에 사는 국민이라면 앞의 네 가지 문제에서 결코 자유롭지 못할 것이다. 국민의 삶이 이런데 나라 살림살이가 좋을 리 없다. 그나마 전자(반도체)와 자동차, 화학정유 산업이 중심이 되어 한국 경제를 끌어가고 있지만, 미국의 사드 배치 이후 중국과의 관계가 껄끄러워지면서 경제는 급속도로 냉각되었다. 돌파구를 찾지 못하면 일본의 전철을 밟아 경기 침체에서 벗어나지 못할 것이다.

북한에서 미사일을 발사하거나 핵실험을 했다는 기사가 날 때마다 미국의 눈치를 살피며 좌불안석이고, 때아닌 강진으로 한반도가 흔들리면서 국민은 국토의 안전성에 의심을 갖기도 했다. 이 밖에도 정치, 경제, 사회 전반에 걸쳐 여러 가지 문제가 복합적으로 작용하면서 대한민국은 총체적인 난국에 처했다.

북한의 문제

1. 북한의 경제체제 몰락

북한을 든든하게 지원해주고 사회주의 국가의 모태가 되었던 소련
이 무너지고, 중국은 개혁과 개방으로 자본주의를 받아들이고 있다.
북한 또한 더 이상 철의 장막을 치고 대외교류를 끊은 채 자립경제
로 지탱하기에는 경제 상황이 바닥이다.

1990년 중반, 설상가상으로 몇 년간 심각한 가뭄이 거듭되니 식량
사정이 극도로 악화되어 굶어 죽는 사람이 속출했다. 중앙정부의 배
급마저 끊기자 굶어 죽지 않으려면 스스로 식량을 확보해야 했고 자
연스럽게 재래시장이 활성화되어 국가의 통제를 벗어난 자본주의적
시장경제를 형성하기 시작했다. 사회주의 경제체제의 근간이 무너
져버린 것이다.

2. 주변 사회주의 국가의 자본주의화

러시아, 중국, 쿠바, 베트남, 미얀마 등 북한과 교류하던 사회주의
국가들이 모두 자본주의를 받아들이고 있고, 북한도 사회주의 경제
체제가 실패로 끝났다는 것을 알고 있다. 국제관계에서 북한만이 사
회주의 경제체제를 고수하면서 북한의 외교관계는 차츰 고립되고
있는 중이다. 특히 믿었던 중국이 대북 제재를 강화하면서 경제적으
로 압박을 가해오자 중국과의 관계마저 최악의 상황에 부닥쳤다. 급

기야 2017년 12월, 북한의 여성연맹 간부가 "일본은 백 년 숙적, 중국은 천 년 숙적"이라고 말하면서 불편한 속내를 드러냈다. 이제 세계 어디에도 북한에 호의적인 나라는 없다.

3. 남한의 한류와 자본주의 문화의 유입

얼마 전 남북평화 협력기원 평양 공연에서 우리는 새로운 사실을 알게 되었다. 북한 대학생들 사이에서 남한 가요가 인기를 얻고 있으며, 김정은 위원장 또한 남한의 가요를 좋아한다는 사실이었다. 이 말은 곧 자본주의 문화가 북한에 퍼져 있다는 뜻이기도 하다.

이미 오래전부터 외국 파견 노동자, 중국 · 러시아와의 무역상, 외교관들을 통해 북한으로 한류와 자본주의 문화가 스며들고 있었다. 국가가 아무리 전파를 차단하고 온라인을 통제해도 사람들의 마음속까지 속속들이 규제할 수는 없는 법이다. "닭의 모가지를 비틀어도 새벽은 온다"는 말처럼 밝아오는 새벽을 막을 수는 없다. 사회주의라는 명목으로 통제와 억압을 지속하고는 있지만 그 시스템이 결코 오래 유지되지는 못할 것이다.

4. 열악한 국가 재정

중국이 자본주의와 타협하면서 문호를 개방함과 동시에 북한과의 관계가 소원해진 것이 사실이다. 더욱이 북한 경제개혁에 앞장섰던 장성택이 처형된 이후 대중무역이 급격히 줄었고, 금강산 관광 중단, 개성공단 폐쇄 등으로 국가 경제가 위축되면서 살림살이가 팍팍해졌다.

그 해결책으로 북한 노동자를 중국과 러시아로 파견하고, 라진선봉, 신의주, 원산 등에 경제특구를 조성하고, 마식령스키장을 만들어 해외 관광객을 끌어들이려 하고 있지만 정치 상황이 불안하다 보니 탄력을 받지 못하는 형편이다.

'새 경제 관리체계'라는 이름으로 지역 생산 단체가 자체적으로 계획하고 생산을 주도하는 새로운 시도가 있고, 농업 생산물의 70%는 나라에, 30%는 주민이 가져가는 '북한식 사회주의'로의 변화를 시도하면서 자본주의 요소를 접목하는 등 경제난 해결을 시도하고 있다.

5. 쉽지 않은 장거리 미사일 발사와 핵실험

북한은 그동안 북한체제의 우월성 홍보, 내부의 단결, 북한 군사력 과시 등을 위해 핵실험과 장거리 미사일을 발사해왔는데, 이런 행위가 더 이상 중국의 지지를 받지 못하고 있다.

중국은 자국 국경 주변에서 긴장이 조성되어 미국이 사드를 남한에 설치하고 미군이 한반도 및 일본에 주둔을 강화하는 빌미를 주는 것을 원치 않는다. 자신들의 경제를 더욱더 발전시켜 미국이 더 이상 넘보지 못할 정도의 강력한 국력을 갖출 수 있도록 시간을 벌고 싶은 것이다. 북한은 이제 마음대로 하던 미사일 발사나 핵실험에 중국 눈치를 살펴야 하는 데다가 대외적으로 좋지 않은 관심을 끌게 되면 테러 국가에서 정상 국가로 인정받을 수 있는 협상의 카드를 잃어버리게 되는 셈이다. 이런 상황인지라 김정은 국방위원장은 돌 파구를 찾기 위한 고민이 커질 수밖에 없다.

2018년 평창 동계올림픽을 기점으로 남북 화해 분위기가 급물살을 타고 있다. 평창 동계올림픽 폐막 이후 두 달여 만에 남북 정상이 판문점 평화의 집에서 회담을 가졌고, 그로부터 45일 만에 북미 정상이 핵과 한반도 평화를 주제로 만났다. 갑작스러운 분위기 반전에 미심쩍은 눈길을 보내는 사람들도 있고, 통일의 염원으로 가슴 설레는 사람들도 있다. 어릴 때부터 불러온 '우리의 소원은 통일'이라는 노래가 더욱 의미 있게 다가오는 시점에서 언제가 될지는 모르겠지만 반드시 통일될 것이라 확신한다.

통일되면 한반도는 사회, 경제, 문화, 정치 등에 동시다발적으로 대변화가 일어나면서 획기적인 상황 변화를 맞이할 것이다. 부동산도 예외가 아니다. 개인이 국토를 소유할 수 없는 사회주의 국가에 자본주의가 유입되면 부동산은 혁명에 가까운 전환기를 맞게 된다.

부동산은 먹거리인 쌀, 채소, 과일 같은 농산물을 생산할 뿐만 아니라 공장, 주택, 관공서, 도로 등을 만드는 데 가장 중요한 필수 요소이고, 자본주의 사회의 축적된 부를 눈으로 보고 손으로 만질 수 있는 확실한 결정체이기 때문이다.

사실 한반도는 중동 다음으로 꼽는 세계 분쟁의 화약고였다. 그래서 외국 차관을 빌리거나 외국 투자자금을 유치할 때 항상 코리아 디스카운트(Korea Discount)를 당했다. 만약의 경우 발생할 수 있는 전쟁의 위험부담금을 우리가 따로 지불해야만 했던 것이다. 북한에서 미사일 핵실험이라도 하면 한국의 주가는 곤두박질쳤다. 이러한 리스크를 줄이는 것만으로도 막대한 국고가 축적된다.

2018년 우리나라의 국방비는 43조 2,000억 원으로 전체 예산의 10%에 이른다. 이는 연봉 4,300만 원 봉급자 100만 명을 고용할 수 있는 막대한 규모다. 또한 사회에 첫발을 내디딜 나이의 젊은 청년들이 2년 동안 국방의 의무를 수행해야 한다. 국내총생산(GDP) 대비 국방비 지출 비율이 23.3%이고, 군 복무 기간이 13년인 북한은 또 어떤가.

두 나라의 국방비와 노동인력을 경제개발, 사회복지, 문화 방면으로 활용한다면 세계적인 경쟁력을 확보할 수 있다. 기형적으로 많은 남북한의 전쟁 관련 비용과 노동력의 낭비를 줄인다면 더 잘사는 나라로 거듭날 수 있다는 뜻이다. 남북회담이 이루어진 배경은 '소모적인 체제경쟁이 얼마나 무의미한지를 깨닫고, 이제는 상생의 길을 찾아야 한다'는 공감에서 비롯된 것이다.

2   한반도 통일을 바라보는 주변국의 입장, 미/중/일/러

국가는 거대한 이익 집단이다. 자국과 국민의 이익을 위해 상호 교류하거나 권력을 행사하고, 때로는 적대관계였다가 우호관계로 입장을 바꾸기도 한다. 그러다 보니 한반도의 통일이 자신의 나라에 어떠한 영향을 미칠지 미리 계산하고, 그 결과에 따라 '감 놔라 대추 놔라' 간섭하고 싶어 한다. 특히 남북한과 관계가 밀접한 미국, 중국, 일본, 러시아의 입장이 첨예하다.

미국

한반도의 통일과 관련해 미국의 속내는 복잡하다. 그래서일까, 미국 대통령인 트럼프는 당근과 채찍을 양손에 들고 북한에 어느 것을 제시해야 하나 고민이 깊었다. 당선 이후 내내 북핵에 대한 강경책을 발표하며 북한을 도발하더니, 평창 동계올림픽과 남북정상회담이 이루어지자 곧바로 "우리는 남한과 견줄 만한 북한 주민의 진정한 경제 번영을 위한 조건을 마련할 수 있다"며 미국의 대북 민간 투자를 통해 북한의 전력망 확충, 인프라 건설, 농업 발전을 도울 수 있다고 강조했다. 또 대북 제재 완화는 물론 '그보다 더 많은 것이 있을 것'이라며 여지를 남겨두기도 했다.

하지만 이러한 원조계획의 기본 전제는 '민간 투자'다. 민간 투자를 통해 북한에 무역과 투자를 개방한 뒤 한반도를 미국의 시장으로 삼으려는 계획인 셈이다. 무기보다는 생필품과 소모품을, 또 그들의 문화를 파는 것이 경제적 이익이라는 계산을 한 것이 아닌가 싶다.

반면 남북교류 협력을 추진하면서도 행여 한국이 중국의 영향력에 흡수되거나 동북아시아의 경제권이 미국의 통제를 벗어날까 우려한다. 그동안 미국은 안보를 핑계로 한국의 국가 상황을 좌지우지해왔고, 한국은 울며 겨자 먹기 식으로 주한미군의 뒷수발을 하고 사드를 배치했다. 우리의 세금으로 미국의 무기를 들여왔다. 그런데 통일이 되어 '안보'라는 핑곗거리가 사라지면 미국의 입지가 좁아질 수밖에 없다.

한편으로는 북한의 바람막이가 돼왔던 중국이 은근히 신경 쓰인다. 중국이 시장을 개방하면서 그들의 경제 성장 속도가 예측하기 어려울 만큼 눈부신 데다가, 국제 사회에서의 목소리 또한 점점 커지고 있기 때문이다. 미국이 한국에 실력을 행사하는 것처럼 중국이 북한에 압력을 넣고 그것이 통일 한반도에 영향을 미친다면 또다시 중국과 첨예한 각을 세워야 할 형편이다.

미국은 한반도의 통일이 가까워질수록 예측 가능한 모든 시나리오를 작성하면서 중국–러시아–북한을 대척점으로 한 전략을 세울 것이다.

중국

일대일로(一帶一路, 중국을 중심으로 중앙아시아, 동남아, 중동, 유럽을 육로와 해로로 연결해 관련국과 경제 협력을 강화함으로써 단일경제권의 핵심이 되고자 하는 국가정책의 마스터플랜)를 내세운 시진핑의 경제정책은 만족할 정도는 아니지만 어느 정도 성과를 내고 있다. 세계는 이제 중국을 더 이상 잠자는 늙은 호랑이로 생각하지 않는다.

북한이 핵실험을 멈추지 않고 예고 없이 장거리 미사일을 쏘아 올릴 때마다 중국의 심기가 편할 리 없다. 북한과 밀접한 관계가 있기 때문에 자칫하면 경쟁국인 미국과 일본이 중국 정치에 간섭하는 빌미가 될 수도 있기 때문이다. 중국으로서는 핵무기를 앞세워 어디로 튈지 모르는 북한을 잠재울 만한 방법을 찾는 것이 급선무다.

또 지금까지 소외되었던 동북3성(요령성, 흑룡강성, 길림성)을 개발하고 안정적으로 발전시키기 위해서는 이 지역의 최대 위험 요소인 남북한의 대립을 해소하고 평화 분위기를 조성하는 것이 유리하다. 또 남과 북이 경제개발 협력을 하면 가장 가까이에 있는 중국도 그 여파로 경제 발전에 탄력을 받을 것이라는 계산도 있다.

그러니 한반도 통일에 미국이 얼마나 관여하느냐가 관건이다. 통일에 미국이 깊숙이 개입할수록 중국은 껄끄러울 수밖에 없다. 통일 이후 평화를 이유로 주한 미국을 휴전선 이북에 배치한다면 중국은 온갖 수단을 동원해 제지에 나설 것이다. 사드 배치 이후 중국이 우리나라에 경제보복을 감행한 이유 역시 이것이다.

일본

일본은 공공연히 "남북교류 협력 시대를 찬성한다"고 말하지만 액면 그대로 믿기에는 의심스럽다. 위안부와 관련한 역사를 왜곡하고 독도와 동해를 자국으로 표기하면서 일말의 가책도 없다. 만약 한반도가 통일되어 국력이 신장하고 세계의 관심 속에 놓인다면 과연 일본이 똑같은 주장을 펼칠 수 있을까?

한편으로는 미국의 경제 전문지인 《포춘 Fortune》에서 '북한이 핵을 포기할 경우 발생하는 비용은 무려 2,100조 원'이라는 계산을 내놓으며, 천문학적인 비용은 결국 북한과 밀접한 이해관계를 가진 한국, 미국, 중국과 일본 등이 짊어질 가능성이 크다고 보도했다. 민족 감정도 좋지 않고, 감추고 싶은 역사적인 치부를 고스란히 드러내야 하는 데다가 경제적인 부담까지 떠안게 되는 상황에서 일본이 한반도의 통일을 달가워할 이유는 없다.

러시아

러시아는 시베리아 횡단열차와 천연가스관이 한반도까지 연결되길 원하고 있으며, 물류비와 시간을 천문학적으로 줄여주는 물류 혁명의 꽃인 '북극항로'를 개척하고자 한다. 그들의 주력 수출품인 지하자원과 농산물을 한국, 일본에 수출하고 시베리아 횡단열차와 북극항로를 통해 유럽과 동북아시아의 물류 중심지로 발돋움하고자 한다.

러시아는 우크라이나 내전으로 크림반도를 얻어냈지만 미국과 유럽이 경제 제재를 하면서 원유, 가스, 석탄, 밀 등 원자재 가격이 폭락, 수출에 어려움을 겪고 있다. 이러한 상황의 돌파구로 러시아는 한국을 새로운 시장으로 개척하고 일본 시장에까지 진출하고자 기회를 엿보고 있다. 이때 한반도가 통일되면 육로가 열리면서 자연스럽게 우리나라와 일본 시장에 수월하게 진출할 수 있으니 하루라도 빨리 한반도가 통일되기를 바랄 것이다.

3 '내 전 재산을 북한에 투자하고 싶다'는 투자천왕의 선택

짐 로저스(Jim Rogers)는 '투자의 귀재'로 불리는, 세계 5대 투자천왕 중 한 명이다. 주식은 워런 버핏, 부동산은 도널드 트럼프, 채권은 빌 그로스, 외환은 조시 소로스, 원자재 및 상품은 짐 로저스, 이렇게 다섯 명이 5대 투자천왕이다. 짐 로저스는 세계를 돌아다니면서 초청강연을 하는데, 그의 강연은 유머러스하면서도 핵심을 명확히 짚어내 감탄을 자아낸다.

짐 로저스의 남다른 투자 감각

그는 강연에서 공공연히 "농업에 희망이 있다, 부자가 되고 싶다면 트랙터 운전을 배워서 농민이 돼라"고 말한다. 1998년쯤부터 농산물을 저렴한 가격에 샀다가 가격이 오르면 되파는 식의 원자재 및 상품을 유통하는 일을 하면서, 전 세계 곳곳에서 어떤 농산물이 어떻게 생산되는지 수십 년간 공부해왔기에 그의 말에는 신빙성이 있다. 또 오토바이를 타고 세계 일주를 하면서, 앞으로 농업이 더욱 중요한 산업이 될 것이라는 확신을 갖게 되었다고 한다.

사실 농업은 미국, 중국, 유럽, 아시아 그 어느 곳에서든 인기 있는 산업이 아니다. 우리나라 농촌의 현실도 마찬가지라서, 젊은이들은 도시로 떠나고 어르신들만 자리를 지키고 있는 형편이다. 이런 와중에 농업이 가장 유망한 산업 분야라니 '투자 귀재'의 입에서 나온 말치고 참 의아하다.

"이런 상황은 곧 끝날 것입니다. 세계적인 통계를 보면 1980년대부터 줄곧 농사짓는 사람의 수는 줄고, 세계 농산물 가격은 오르고 있기 때문입니다." 그리고는 "다음 생에는 미국 금융인보다 중국 농부의 삶을 살고 싶다"고 말했다.

그의 투자는 남다르다. 남들이 미국 달러나 일본 엔화를 사들일 때 그는 중국 위안화를 사들였다. 경제 혼란의 상황이 오면 달러화 대비 다른 모든 통화가 하락할 것이지만 위안화는 하락 폭이 작을 것이라는 게 그의 분석이었다. 또 위안화가 달러화를 대체할 날이 머지않았다는 말도 했다.

그는 투자 가치가 있는 국가로 미국, 일본, 유럽, 남미 대신 동아시아 특히 중국을 가장 유망한 국가로 손꼽았으며 그 뒤로 미얀마, 북한

순으로 지목했다. 이미 중국의 위력은 충분히 실감하고 있으며, 미얀마와 베트남은 발전 가능성이 큰 국가로 주목받고 있다. 하지만 뜬금없이 북한이라니? 북한에 대해서는 많이 알려진 것도 없고 핵을 보유한 위험국가라는 인식이 대부분인데 짐 로저스는 북한을 '다른 어떤 곳보다 좋은 투자처'로 지목하고 있으니 그 내용이 궁금하다. 말만 그런 게 아니라 그는 북한에서 만든 금화를 대량 사들였다고 한다.

사실 북한에 더 많이 투자하고 싶지만 본인이 미국인이기 때문에 투자에 제약이 있어서 북한산 금화만 샀다는 것이다. 그러면서 통일이 무르익을 때 자신의 전 재산을 북한에 쏟아붓겠다고 말했다.

'전 재산을? 그 정도로 투자 가치가 높은가?'

정신 똑바로 차리지 않으면 투자 기회를 놓칠 수 있다. 투자 전문가로 손꼽히는 그의 강연을 좀 더 깊이 들여다봐야 한다.

DMZ의 땅에 투자하라

2015년 12월 5일, 조선일보 사가 주최한 런치 세미나에서 오래전부터 만나고 싶었던 짐 로저스를 직접 만났다. 1942년에 태어난 그는 당시 80세에 가까운 나이였지만 목소리에 흐트러짐 하나 없이 열정적으로 강의했다. 그의 강연 영상은 포털 사이트에서 찾아볼 수 있다.

그는 한반도의 특수 상황에 대해 분석하고, "한반도는 조만간 통일

될 것이며 그때는 세계에서 가장 흥미진진한 나라가 될 것이다. 돈이 있으면 무조건 휴전선 근방의 DMZ 땅을 사라. 거기다 농사를 지으면 더욱 좋다. 이곳에 땅을 사둔 사람은 앞으로 백만장자가 될 것이다"라고 말했다.

평소 다른 인터뷰에서도 그는 이와 비슷한 주장을 펼쳤다. 한편으로는 자신은 거시적인 관점에서 말하는 것이고, 미시적인 관점에서는 한국 사람인 우리보다 시장 상황을 속속들이 알지 못한다며 공부하고 또 공부해서 확신이 생겼을 때 투자하라는 말도 덧붙였다.

DMZ 땅에 투자하라는 말은 곧이곧대로 듣기보다는 상징적인 의미로 받아들여야 한다. 그는 DMZ 땅에 지뢰가 대량 묻혀 있고, 정부에서 그곳에 직접 농사를 짓지 못하게 통제하고 있다는 사실을 알고 있다. DMZ 땅에 투자하라는 말은 DMZ 근방의 땅 중 저평가되어 있고, 농사를 지을 수 있는 민통선 일대의 땅들을 선별해서 투자하라는 말인 것이다.

금융 투자의 세계에서 잔뼈가 굵고 산전수전 다 겪은 전설적인 투자가가 허튼소리를 하지는 않았을 것이다. 그는 중국에서 주식시장이 문을 열었을 때 외국인 최초로 중국 주식을 사 대박을 터뜨렸다. 그리고 석유, 농산물, 금 등을 아무도 거들떠보지 않았을 때 헐값에 사들여 천문학적인 수익을 얻으며 되팔면서 투자업계의 전설이 되었다. 또 그는 서브프라임 사태가 일어나기 전에 뉴욕에 있는 자신의 저택을 최고가로 팔고 일가족이 싱가포르로 이주했다. 그 이후 미국의 부동산이 대폭락했고, 사람들은 그의 남다른 통찰력에 이의를 달 수 없게 되었다.

당신은 여기 있는 사람 중에 최고의 부자가 될 것이다

런치 세미나에서 짐 로저스는 참석자들과 질문을 주고받는 시간을 가졌다. 강연에 참석했던 사람들은 한반도가 통일되면 자신의 전 재산을 한국에 투자하겠다는 짐 로저스의 말에 고무돼 있었다. 사실 한반도의 통일에 대해서는 우리보다 오히려 세계에서 더 큰 관심을 갖고 있다. 세계에서 유일한 분단국가인 우리나라가 통일되었을 때의 상황을 가정하고 가상 시나리오를 내놓기도 한다.

영국의 경제 전문지 《이코노미스트 The Economist》에 의하면 한반도 통일 비용으로는 1,000조 원이 필요하며, 통일의 경제 효과는 1경 1,000조 원 이상이 될 것이라고 한다. 통일이 되면 북한의 노동인구 5,300만 명과 16조 원의 천연자원 그리고 남한의 풍부한 자본과 인프라가 결합하여 폭발적인 시너지가 날 것이며, 이로 인해 통일 한국은 세계에서 가장 매력적인 투자처가 될 것이라는 내용이다.

이제 통일 한국은 우리의 바람일 뿐만 아니라 세계의 바람이 되고 있다. 더군다나 투자의 귀재 짐 로저스가 전 재산을 걸고 말한 내용이기에 같은 생각을 갖고 있는 사람으로서 흥분되었다. 마침 런치

제 2 장

세미나에서 짐 로저스에게 질문을 할 수 있는 기회가 생긴 필자는 자기소개를 했다.

"접경지역 부근에서 부동산 컨설팅과 중개를 하고 있습니다."

필자의 소개를 듣던 그는 필자를 관심 있게 바라보며 "당신은 여기 있는 사람 중에 최고의 부자가 될 것이다"라고 말했다. 다양한 직업을 가진 사람 중에서 나에게 그렇게 말한 데에는 다 이유가 있을 것이다.

"통일이 답이다."

이것이 짐 로저스가 우리에게 선물한 희망의 메시지였다.

4

통일 한국, 최적의 수도 후보지는 어디인가?

언제가 될지는 모르겠지만 통일을 생각하면서 '통일 대한민국의 국가명'과 '수도'를 생각해본 적이 있다. 물론 내 생각대로 될 리 만무하지만 통일을 염원하는 마음으로 상상의 나래를 펼쳐보았다.

1953년에 남북 간 휴정 협정이 체결되었고, 지금이 2018년이니 65년이나 되는 세월이 훌쩍 흘렀다. 그동안 남한과 북한은 자본주의와 사회주의라는 이념상의 차이 말고도 국민총생산(GNP) 38배, 1인당 개인소득 20배 정도의 격차가 생기며 이질감을 더해갔다. 남북한 청소년의 신장은 10cm 이상 차이가 나고, 서로 못 알아듣는 언어도 많아졌으며, 심지어 표준시조차도 한국은 일본 동경시를, 북한은 평양시를 사용하면서 30분 정도의 차이가 있었다. 4 · 27 남북정상회담 이후 2018년 5월 1일부터 남북 시각이 통일되었다는 것은 다들 알 것이다. 세계인들은 남한과 북한을 가장 자유가 넘치고 역동적인 나라 대 가장 폐쇄적인 나라, 가장 가고 싶은 나라 대 가장 위험한 나라로 기억한다.

세계에서 유일한 분단국가라는 특수성 때문에 세계인의 관심을 받는 것 또한 사실이다. 북한의 폐쇄성과 북한 주민들의 인권에 관심이 있는 국제기구도 많다. 반면 한반도의 통일을 못마땅하게 생각하는 나라도 몇몇 있다. 국제 사회 또한 이권이 중심이다 보니 한반도가 통일되면서 자국의 이권에 손해가 간다면 반대하고 나선다.

사실 1년 전까지만 해도 통일이 가능할까 싶었다. 하지만 2018년 평창 동계올림픽 이후의 분위기는 통일이 머지않은 듯 보인다. 아니, 당장 몇 년 안에 통일이 이루어진다 해도 이상할 것 같지 않다. 혹시 통일이 되면 수도는 어디쯤이 될까? 서울? 평양? 세종? 개성? 수도를 서울이나 세종으로 정하면 북한 주민들이 상대적인 소외감을 느낄 것이고, 평양이나 개성으로 정하면 남한 주민들이 반대할 것이다.

현재 상태에서 인구나 교통 행정의 집중도를 따지자면 남한에서는 서울이, 북한에서는 평양이 독보적으로 우세하지만 국가의 수도는 인구나 교통 행정의 집중도로 정해지지 않는다. 비근한 예로 미국에서는 뉴욕이 인구 규모도 크고 경제문화의 중심지지만 수도는 워싱턴이다. 캐나다에서도 토론토가 중심지지만 수도는 오타와이며, 호주는 시드니와 멜버른이 가장 큰 도시지만 수도는 캔버라, 뉴질랜드 또한 오클랜드가 아닌 웰링턴이 수도다.

남한과 북한 주민들을 두고 형평성을 고려했을 때, 일단 기존의 수도였던 서울과 평양은 통일 대한한국의 수도가 될 확률이 낮다. 남과 북이 적당한 줄다리기를 하면서 제3의 지역을 새롭게 정해서 그곳에 수도를 정할 가능성이 클 것이다.

수도의 조건 8가지

긴말 없이도 수도를 중심으로 발전이 이루어질 것이고, 당연히 수도의 땅값은 오를 수밖에 없다. 그렇다면 장차 어떤 형태로든 통일이 되었을 때 주목받는 곳은 어디일까? 먼저 한 나라의 행정수도가 되기 위해서는 어떤 조건을 갖추어야 할지를 알아보자.

① 나라의 지리적 중심지역에 위치해야 한다.

국토의 중심에서 어느 한쪽으로 치우친 곳은 국가의 균형 발전에 좋지 않으므로 될 수 있으면 상하좌우를 따져서 중심지역에 수도를 정한다.

② 교통이 편리하거나 교통로를 개발하기에 편한 곳이어야 한다.

고속도로, 철도, 수로가 잘 정비되어 있고, 이중삼중으로 교통로가 뚫려 있는 곳이 좋다.

③ 충분한 평지가 있어야 한다.

행정관청, 도로, 공원, 주거 및 상업시설, 학교 등이 들어설 수 있어야 하므로 최소한 여의도 면적(약 25만 평)의 4배 이상, 즉 100만 평 이상의 평지가 있어야 한다.

④ 큰 강을 끼고 있는 지역이어야 한다.

수십만 명의 식수, 산업용수, 농업용수를 지원하기 위해서는 필수 사항이다.

⑤ 국토방위에 쉬운 지역이어야 한다.

전쟁이 일어났을 때 수도는 1차 공격 대상이 된다. 그러므로 주변 국의 침략으로부터 효율적인 방어가 가능한 지역이어야 한다.

⑥ 기후나 식생이 무난한 지역이어야 한다.

너무 춥거나 덥고, 자연재해가 잦은 지역은 피한다. 대체로 평균 온도 차가 크지 않은 온화한 지역이 좋다.

⑦ 풍수적으로 좋아야 한다.

풍수지리는 사람이 살아가거나 쉬기에 최적의 장소를 따져서 정한 것이므로 수도 또한 배산임수(산을 등지고 물을 바라보는 지세), 좌청룡, 우백호, 남주작, 북현무 등 사방의 지세가 좋아야 한다.

⑧ 많은 사람이 수긍할 수 있는 지역이어야 한다.

사람마다 가치관과 기호가 다르므로 수도를 정하는 데 있어서 각자의 의견이 다를 수밖에 없다. 그러므로 될 수 있으면 많은 국민이 수긍할 수 있는 지역을 수도로 정하여 국민통합정신을 살릴 수 있어야 한다.

통일 한국의 수도 후보지 분석_ 서울? 평양? 세종? NO!

그렇다면 이러한 조건에 가장 들어맞는 지역은 어디일까?

앞서 말한 것처럼 일단 서울은 1순위로 후보에서 빠진다. 인구 천만 명의 거대도시이고 경기도와 인천시를 합치면 남한 인구의 절반 이상이 거주하는 핵심지역이지만, 국토의 균형 발전 차원에서 세종시에 수도를 빼앗긴 상황이고 더 이상 도시를 확장하기 어려우며 국민통합의 상징에 벗어나기 때문에 후보에서 제외된다. 평양도 2순위로 빠진다. 세종시도 당연히 제외될 것이다.

이런 조건이라면 통일 수도의 후보지는 철원, 연천, 파주 등 남북한 휴전선 근방 지역이 유력하다. 이 중 연천은 100만 평 이상의 평지가 있기는 하지만 주변이 산악으로 둘러싸여 있어 철도와 도로의 접근이 쉽지 않기 때문에 수도 후보지로 부족하다. 그렇다면 휴전선 근방의 철원평야 일대와 파주의 DMZ 일대로 수도 후보지가 좁혀진다. 철원과 파주는 수도가 들어서기에 강력한 장점을 갖고 있다.

먼저 철원 일대는 장차 국토의 균형 발전을 위한 핵심지역으로 발전할 것이다. 하지만 파주에 비해 평양과 서울에서 멀고, 도로기반시설이 미비해서 개발하려면 오랜 기간이 필요하며, 비용도 많이 들 수밖에 없다. 철원 일대로 수도가 정해지면 국민이 부담해야 할 세금 증가와 자연 훼손에 대한 점도 고려해야 한다. 또 철원은 임진강 상류의 원천 용수지 일대이기 때문에 상수원의 공급량이 통일 수도 인구와 시설을 지원하기에는 턱없이 부족하다. 새롭게 지하수를 파야 하는 상황이 올 수 있으며 임진강 하류 지역의 상수원 오염 문제까지 있어, 수도 입지로서는 치명적인 한계가 있다. 현재 한강 상류인 북한강과 남한강 일대는 상수원 보호를 이유로 공장 설립이나 도시개발에 많은 제약이 따르고 있다. 이 문제는 한강뿐만 아니라 임진강에도 똑같이 발생할 수 있다.

그에 비교해 파주는 매우 유리한 조건을 갖추고 있다. 서울에서 1시간 안에 파주에 닿을 수 있고 인근에 인천공항이 있어서 새로 공항을 건설할 필요가 없다. 바다로의 접근성도 좋아서 임진강과 황해로 흐르는 물길을 활용할 수 있다. 강, 바다, 하늘, 육로, 철도 등 다양한 수단으로 접근하기 좋은 지역이다. 파주 일대는 임진강 하류기 때문에 상수원 오염 문제에서 벗어날 수 있다. DMZ 비무장지대로 오랜 세월 묶여 있었기 때문에 토지 보상비가 저렴하고, 기존에 있는 도로와 철도, 공항 등 기반시설을 활용하면 개발과 관련한 사업비용도 많이 절감할 수 있다. 기반시설이 발달해 있기 때문에 개발 속도도 빨라진다. 무엇보다 남북을 막론하고 인구 대부분이 한반도 서부에 주거하기 때문에 인구분포도를 기준으로 국토의 중심은 철원이 아니라 파주 일대에 더 가깝다.

통일 한국의 수도 후보지 분석

	철원 DMZ 일대	파주 DMZ 일대
지역	경원선, 구철원역 근방 4km 국토의 정중앙	경의선, 도라선역 근방 4km 국토의 중서부
수로 (상수원)	임진강 발원지	임진강 하류
교통	철도 – 경원선 라인 도로 – 3번국도 공항 – 신규로 건설 요망	철도 – 경의선 라인 도로 – 서울문산고속도로, 　　　자유로, 1번국도 공항 – 인천공항
지형	지대가 높은 구릉 지대	지대가 낮은 평야 지대
역사	궁예의 후고구려 도읍지	고려시대 500년 도읍 개성시 근방
중심	지리학적 관점에서 중심지	인구학적 관점에서 중심지에 근접
자연 생태	두루미 등 철새 월동지로서 보존 가치가 크다.	독수리 등 철새 월동지로서 보존 가치가 작다.
장점	1. 국토의 정중앙부 2. 광활한 평야 분지 3. 국토의 균형 발전을 도모 4. 새로운 도시설계 가능	1. 인구학적 중심부 2. 다양한 기반시설 완비 3. 국토의 균형 발전을 도모 4. 새로운 도시설계 가능

접경지역 투자, 당신이 궁금한 모든 것

'수단과 방법을 가리지 않고' 가 아니라
'수단과 방법을 가려서' 투자한다.

Q1

어디부터 어디까지가 접경지역인가요?

접경지역, 휴전선, DMZ, 민통선 통제보호구역, 군사시설 보호구역의 차이

접경지역, 민통선, 휴전선, DMZ의 차이점은 무엇일까? 정확히 어느 지역을 말하는 것일까? 휴전선 인근에서 철책 근무를 선 사람이 아닌 이상 이 차이를 명확히 아는 사람은 드물다. 대략 어디쯤이겠거니 하고 짐작하는 정도에 불과하다. 적을 알고 나를 알면 백전백승이라는데, 투자에 앞서 적어도 적의 이름 정도는 정확히 알고 싸워야 하지 않겠는가. 모호하게 알고 있던 그 지역에 대해 명확하게 짚어보는 것에서 시작하자.

접경지역

접경지역이란 휴전선 근방의 지역으로, 군사기지 및 군사시설 보호법에 따른 민간인 통제선 이남의 시·군 관할 구역에 속하는 지역이다. 민간인 통제선으로부터 거리 및 지리적 여건·개발 정도 등을 기준으로 하여 접경지역지원법에 정해 놓은 지역을 통칭한다.

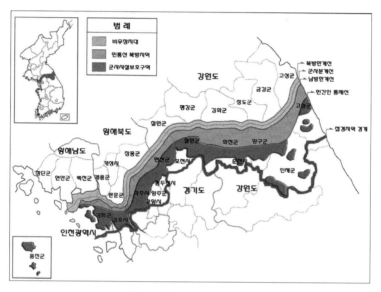

접경지역의 행정구역과 면적

구분	시군별	행정구역	면적(km²)
합계	15개 시군	98개 읍면동(18읍·73면·7동)	8,097.17
강원도 (35)	소계		5,186.99
	춘천시(2면)	사북면, 북산면	367.55
	철원군(4읍·7면)	철원읍, 김화읍, 동송읍, 갈말읍, 서면, 근남면, 근북면, 근동면, 원동면, 원남면, 임남면	898.82
	화천군(1읍·4면)	화천읍, 사내면, 하남면, 해안면, 상서면	909.46
	양구군(1읍·4면)	양구읍, 동면, 방산면, 해안면, 남면	700.68
	인제군(1읍·5면)	인제읍, 서화면, 남면, 북면, 기린면, 상남면	1,646.33
	고성군(2읍·4면)	간성읍, 거진읍, 현내면, 토성면, 죽왕면, 수동면	664.15
인천시 (17)	소계		497.45
	강화군 (1읍·12면)	강화읍, 교동면, 삼산면, 서도면, 송해면, 양사면, 하점면, 내가면, 선원면, 불은면, 길상면, 양도면, 화도면	410.83
	옹진군(4면)	대청면, 백령면, 연평면, 북도면	86.62

구분	시군별	행정구역	면적(km²)
경기도 (46)	소계		2,412.73
	동두천시(4동)	불현동, 소요동, 보산동, 상패동	91.93
	고양시(3동)	송산동, 고봉동, 송포동	57.76
	파주시 (4읍 · 10면)	문산읍, 파주읍, 법원읍, 교화읍, 적성면, 탄현면, 광탄면, 파평면, 월롱면, 군내면, 장단면, 진동면, 진서면	621.23
	김포시(1읍 · 4면)	월곶면, 통진읍, 하성면, 대곶면, 양천면	217.61
	양주시(1읍 · 4면)	백석읍, 남면, 은현면, 광적면, 장흥면	224.02
	연천군(2읍 · 8면)	연천읍, 전곡읍, 군남면, 미산면, 청산면, 중면, 장남면, 신서면, 백학면, 왕징면	696.33
	포천시(6면)	관인면, 창수면, 영북면, 영중면, 신북면, 이동면	493.81

북한땅

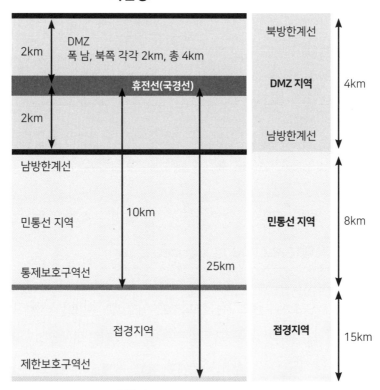

남한땅

휴전선

1953년 7월 27일 22시, 휴전협정으로 생긴 군사분계선을 '휴전선'이라고 하며, 휴전선을 기준으로 북쪽을 북한, 남쪽을 남한으로 규정한다. 휴전선을 38선과 혼동하는 사람이 있는데, 38선의 역사는 휴전선보다 오래되었다. 1945년 8월 15일, 제2차 세계대전이 끝나면서 해방을 맞이한 우리나라는 미국과 소련에 의해 둘로 나뉘었다. 북위 38도를 기준으로 군사분계선을 정한 뒤 남쪽은 미국이, 북쪽은 소련이 점령한 것이다.

다시 말해 휴전선이 생기기 전에는 철원, 고성, 속초, 양구 등 현재 강원도 북부 지역은 원래 38선 이북으로 북한 땅, 개성 인근은 38선 이남으로 남한 땅이었으나, 6·25전쟁 이후 휴전선이 생기면서 현재 개성 인근은 북한 땅, 강원도 북부 지역은 남한 땅이 되었다.

비무장지대(DMZ, Demilitarized Zone)

국제협약에 따라 남북의 군사적 충돌을 예방하기 위해 마련한 완충지역으로, 군대가 주둔할 수 없으며 군사시설도 설치할 수 없다. 비무장지대는 휴전선을 기준으로 남한 2km(남방한계선), 북한 2km(북방한계선)씩 전체 폭은 4km이며, 길이는 248km, 면적은 2억

7,200만 평이다. 남한과 북한이 비무장지대의 협정을 잘 지키고 있는지 감시하기 위해 UN감시단이 파견되었으며, 이 지역의 관리권은 UN에게 있다.

원칙적으로 비무장지대는 군사작전과 지뢰 매설 등을 이유로 민간인의 출입이 금지된 곳이다. 그러나 남북 합의에 의해 민간이 거주할 수 있는 마을을 두었는데 남한에는 '자유의 마을(대성동 마을)', 북한에는 '평화의 마을(기정동 마을)'이 있다. DMZ에 있는 대성동 마을의 경우 현지 주민이 초청해서 군 당국의 허가를 받으면 방문할 수 있다. 단, 이때 군 호송차가 동행한다.

휴전협정 이후 60년 넘게 민간인 출입이 금지된 구역이다 보니 의도치 않게 이곳은 세계적으로 유례가 없는 자연생태 공간이 만들어졌다. 이에 대한민국 정부에서는 자연 그대로의 생태환경이 보존된 이 지역을 유네스코 자연유산으로 등재시켜 UN평화공원 지정을 추진하고 있다.

민통선 통제보호구역

남방한계선을 경계로 남쪽 5~20km에 있는 민간인 통제구역으로, '민간인 출입 통제선'이라고도 부른다. 하지만 민통선은 일률적으로 적용되는 것이 아니라 군사적·지역적 특성에 따라 정해진다. 그래서 경기도 연천군은 민통선이 북쪽으로 올라가 있으며, 파주는 좀 더 남쪽으로 내려가 있다.

민통선 지역은 현재 경기도에 네 군데(파주시 군내면 조산리 대성동, 파주시 군내면 백연리 통일촌, 파주시 진동면 동파리 해마루촌, 연천군 중면 황산리), 강원도에 네 군데(철원군 동송면 이길리, 갈말읍 정연리, 근북면 유곡리 통일촌, 근남면 마현리)가 있다.

민통선 지역에서는 원칙적으로 민간인의 출입이 통제되므로, 출입하려면 군부대로부터 영농허가증이나 관광허가증 등의 허가를 받아야 한다. 현재 일반인은 관광허가를 받아 정해진 시간 동안 한정 지역을 관광할 수 있고, 영농허가증을 가진 영농인은 특정 시간에 자유롭게 드나들 수 있다. 만약 민통선 지역에 영농을 목적으로 자주 출입하고 싶다면 '민통선 출입허가증'을 신청해 발급받는 것이 좋다. 출입증의 유효기간은 1년, 5년으로 2종류가 있는데, 이 출입증이 있으면 하계(3~10월) 오전 6시~오후 7시, 동계(11~2월) 오전 8시~오후 6시 사이에 자유롭게 출입할 수 있으며, 본인을 포함한 10명까지 인솔할 수 있다.

민통선 지역은 건축이나 주거, 관광에는 아직 많은 제약이 따른다. 하지만 정부와 지자체는 접경지역 경제개발과 주민복지를 위해서 민통선을 점차 축소하고 있는 상황이며, 이에 따라 부동산 가치 변화를 기대해볼 수 있는 곳이다.

군사시설 보호구역

군부대, 해군기지, 공군기지, 방공기지 등 군사시설을 보호하기 위해 정한 지역으로 군사시설에서 300~500m 범위를 말하는데, 접경지역에서는 통상 민통선에서 휴전선 이남 25km까지를 말한다.

휴전선 근방의 강화군, 김포시, 파주시, 연천군, 철원군, 화천군, 양구군, 고성군과 군사시설 및 군부대가 있는 포천군, 동두천시, 포천군, 양양군 등이며, 서울에서는 미군 부대가 있는 용산구 일대다. 이 지역은 원칙적으로 자유롭게 거주하거나 여행, 영농 등을 할 수 있다. 하지만 도로를 만들거나 철도, 터널, 수로 등을 만들고 군사안보에 영향을 줄 수 있는 시설을 설치하거나 사용하기 위해서는 군 당국과의 협의 및 허가가 필요하다. 이 밖에 광물을 캐거나 흙을 퍼나르는 일, 나무를 심거나 베는 일, 토지를 개간함으로써 지형에 변화가 생기는 일도 마찬가지다.

하지만 협의나 허가 없이 가능한 것도 있다. 기존에 있던 건축물을 개축, 재축, 수선하는 일, 영농에 필요한 울타리 설치, 군사시설 보호와 작전 활동에 직접적인 영향을 미치지 않고 관할부대장 등이 인정하는 개인 묘지의 설치, 경지 정리 등 특별한 건축행위를 제외하고 별다른 제약은 없다. 지역주민의 재산권 침해에 대한 민원이 많아지고, 남북의 평화관계가 안정적으로 유지되는 상황에서 점차 군사시설 보호구역의 범위가 축소되는 추세다.

Q2 자유롭게
드나들 수 있나요?

민통선
출입허가증
만들기

민간인 통제구역은 휴전선에서 대략 10km 구간을 경계로, 철조망으로 통제하는 구역이다. 일반인의 출입이 통제되기 때문에 민통선 출입증을 소지하고 있는 사람이거나 출입증이 있는 사람이 인솔자로 동행해야 출입할 수 있다. 민통선 출입증과 더불어 각 개인의 신분증이 반드시 필요하다. 신분증 없이 무작정 갔다가 군 검문소에서 출입이 거절되는 사례가 종종 있으니 민통선에 들어가고자 한다면 신분증이 있는지부터 확인하자.

민간인 통제구역은 엄연히 군사지역이기 때문에 월북 및 지뢰사고 등을 막기 위해 출입을 제한한다. 경작, 민통선 마을 방문, 성묘 등의 목적으로 일출 시각부터 일몰 시각까지만 출입을 허용하는 것이다. 1년에 한두 번 정도 출입한다면 모르겠으나 방문 횟수가 잦다면 출입증을 만들어서 이용하는 것이 편리하다.

민통선 출입증을 만들기 위해서는 다음과 같은 4가지 서류가 필요하다.

민통선
출입증
필요서류

① 민통선 지역에 1,000㎡ 이상의 농지를 경작하고 있음을 증빙하는 서류
  (토지대장, 농지원부, 임대차계약서)
② 주민등록등본 또는 가족관계증명서
③ 증명사진(3×4cm) 3매
④ 신청서류(서약서)

준비한 서류를 자택 주소지 주민센터에 제출, 관할 군부대의 허가를 받으면 유효기간 5년인 민통선 출입허가증이 교부된다. 서류 검토, 신원 조회 등 적정성을 판단하여 출입증을 발급하기까지 대략 한 달 정도가 소요된다.

민북출입증 발급 신청서(서약서)

| | | 3×4cm
(사진부착) |

목 적	(주민, 영농, 공무) 출입(영농)지역 :		
주 소		차량번호 및 차종	
성 명	(한글)	연 락 처	(본 인)
주민번호	－		(배우자)
출입증 수령희망장소 : (통일대교, 전진교)			(자 택)

○ 준수사항

1. 민북지역 출입시 교부된 출입증은 항시 휴대하여야하며 타인에게 대여 할 수 없다.
   가. 상시 출입증 타인에게 대여 또는 불법 사용 시 영구적 발급을 금지
2. 민북지역 에서는 다음과 같은 행위를 해서는 안 된다. 다만 관할부대장의
   사전 허가를 받은 사항은 그러하지 아니한다.
   가. 통제보호구역 또는 울타리가 설치되었거나 출입통제 표찰이 설치된 군사기지 및
      군사시설에 출입
   나. 통제보호구역 안에서의 건축물의 신축
   다. 통제보호구역 안에서의 동·식·수산물의 포획 또는 채취
   라. 군사기지 또는 군사시설의 촬영·묘사·녹취·측량과 이에 관한 문서나
      도화 등의 발간·복제
   마. 보호구역 등의 표지나 군사시설(부대시설, 장벽시설, 진지 등)의 이전 또는 훼손
   바. 표류물, 침몰물의 습득 또는 군사작전이나 항해에 장애가 될 우려가 있는
      유해물의 유기
   사. 통제보호구역 안에서의 각종 총포의 발사, 폭발물의 사용 행위
   아. 군 통제에 불응하거나 군사보안에 저촉되는 각종 행위
   자. 기타 군 작전에 방해가 되거나 불법(도굴 등) 행위
   차. 민북지역내 영농활동간 불법 전기철책을 설치하는 행위
3. 준수사항을 위반할시는 『군사기지 및 군사시설보호법』에 의해 고발 조치한다.
   상기 준수사항을 성실히 이행할 것을 서약하며, 위와 같이 **(출입증발급)**을
   하고자 하오니 승인하여 주시기 바랍니다.

위내용은 사실과 다름이 없으며, 사실관계의 확인을 위하여[개인정보보호법]에 따라 개인정보의 활용에 동의합니다. 　　　　　　　　　　　　　　　　　　　　　　　　년　　월　　일 신 청 인　　　　　　　　　　　　　　성 명 :　　　　　　인(서명) (회사, 단체의 대표)

서 약 서

본 적:

주 소:

주민등록번호:

성 명:

위 본인은 민통선 북방(   ) 출입을 함에 있어 다음과 같이 서약합니다.

1. 민통선 북방 출입 시에는 교부된 출입증을 항상 휴대하여야 하며 타인에게 대여할 수 없다.

2. 민통선 출입시간을 준수하여 근무자 및 순찰조로부터 검문검색 및 통제에 절대 복종하겠다.

3. 목적지 이외의 지역에서 허가되지 않은 행동을 않겠다.(수렵, 벌목, 군사작전 방해, 불법 개간, 임의 확대 영농 등)

4. 불법무기(엽총, 공기총, 기타), 폭발물, 사진기, VTR 휴대를 금하며 필요 시 사전승인을 득하겠다.

5. 차량 운행 시 목적지 이외 통로 이용을 삼가고 규정된 속도를 준수하며, 군 작전 차량이 우선 통과되도록 하겠다.

6. 차량 운행 시 적재함, 트렁크 개방 검문에 응하겠다.

7. 민북지역 이동 시에는 기존 도로를 이용하며 지뢰 및 폭발물 사고로 입는 피해는 본인이 책임을 진다.

8. 통제사항 위반으로 입은 민간인 피해는 군이 이를 보상하지 않으며 본 규정을 위반하여 군사작전에 지장을 초래할 시는 군사시설 보호법 제17조에 의거 고발 조치한다.

년   월   일

소   속: 서약자: (서명 또는 인)

전화번호: 휴 대 폰:

Q3 정말 접경지역 땅에 개인등기가 가능한가요?

부동산등기 특별조치법

부동산 매매 후 그 소유주를 명확히 하려면 개인등기가 필요하다. 하지만 접경지역이라 군대가 주둔하거나 일반인은 아예 들어가지도 못하는 땅을 누구에게 사서 어떻게 등기를 해야 하는지, 과연 명확한 지번은 있는 것인지 궁금한 점이 많을 것이다.

하지만 걱정할 필요 없다. 대한민국 영토의 모든 토지는 땅의 위치, 면적, 소유권에 관한 사항을 부동산등기법에 따라 공공문서로 기록하게 되어 있다. 접경지역도 예외는 아니라 DMZ 비무장지대, 민통선 지역, 군사시설 보호구역을 막론하고 휴전선 이남의 모든 토지도 개별 필지별로 국가, 개인, 법인, 단체 등으로 소유권이 지정되어야 한다. 당연히 모든 토지의 소유권이 존재하며 매매, 임대, 저당, 압류 등의 법적 행위의 대상이 된다. 쉽게 말해서 접경지역 땅도 필지별로 땅의 주인이 있으며 서로 사고팔 수 있다는 말이다.

휴전하면서 DMZ 비무장지대에 남북이 각각 '자유의 마을(대성동 마을)'과 '평화의 마을(기정동 마을)'을 두었다. 현재 자유의 마을에는 민간인 30여 가구가 살고 있다. 서쪽의 강화군에서 파주, 연천, 강원도 고성에 이르는 민통선 통제보호구역 인근에는 100여 개의 마을이 있으며, 여기에는 8,000여 세대 약 3만여 명이 거주하고 있다. 거주민 대개가 북쪽에서 이남으로 내려온 실향민이나 군인 가족, 전쟁 이전부터 그곳에 살던 현지 주민 등이다.

원칙대로라면 DMZ 비무장지대와 민통선 통제보호구역에는 민간이 집을 짓거나 건축물을 세울 수 없다. 주민들의 불편이 이만저만이 아닌 데다가 재산권 침해와 관련한 민원이 많아지자 낙후된 지역경제를 살리고 주민들의 삶의 질을 높인다는 취지로 군 당국에서는 일반적인 건축행위에 대한 규제를 완화했다. 예를 들어 200㎡ 이내의 개발행위는 군 동의 없이 간단한 신고만으로 할 수 있게 된 것이다.

또 2015년부터는 지역주민 주도하에 중앙정부(행정안전부 등), 지방자치단체, 민간기업, 전문가, 국민이 함께 참여해 지역개발사업인 '대성동 프로젝트'를 추진하고 있다. 그 결과 2016년 6월, 낡은 공회당 건물이 대성동의 역사 기록물을 전시하고 문화 활동을 하는 복합공간으로 새롭게 태어났고, 2017년에는 주민 신청을 받아 노후 주택도 전량(45동) 보수했다. 아울러 양수장 및 농업용수관로 설치(8km), 하수도(4.4km), LPG 공동저장소, 마을안길 확·포장(0.3km) 등의 사업도 함께 추진해 주민 불편을 해소해나가고 있다.

부동산등기 특별조치법

예전에는 땅문서가 전쟁이나 화재로 분실되어 소유자를 확인할 수 없거나, 소유자는 기재되어 있지만 연락이 끊겨 소유자 확인이 안 된 땅이 많았다. 이로 인한 분쟁과 소송이 잦아지고 장기화되자 정부는 1990년부터 네 차례에 걸쳐 부동산등기 특별조치법을 만들어 공포했다.

　부동산등기 특별조치법은 소유권 보존등기가 되어 있지 않거나 등기부 기재가 실제 권리관계와 일치하지 않는 부동산에 대해 간편한 절차를 거쳐 등기를 해줌으로써 권리자의 소유권을 보호하고 재산권을 행사할 수 있도록 한 것이다. 간편 절차 중 한 가지인 '인우보증'은 이장, 면장, 현지인 등 3인 이상이 등기 권리인의 신원을 확인한 뒤 보증하는 것으로 인우보증 확인서를 발급하면 이 증서를 가지고 토지 등기를 할 수 있었다.

　합법적인 절차에 의해 등기를 마친 부동산은 등기상 소유자의 소유권을 우선적으로 보호하며, 부동산등기 특별조치법에 의한 등기라도 명백한 사기에 의한 등기가 아니라면 일반 등기와 똑같은 효력을 갖는다.

Q4 접경지역인데 지뢰가 있으면 어쩌죠?

지뢰 제거 업체 소개

휴전선 근방에는 6.25 전쟁 이후 남북 구분 없이 쌍방이 서로 침투를 막기 위해 대인지뢰, 대전차지뢰 등의 폭발물을 많이 매설했다. 때문에 곳곳에 위험물이 존재할 수 있다. 하지만 분단 이후 60여 년이 흐른 지금, 오래전에 매설한 폭발물은 부식이 되어 폭발 위험성이 많이 낮아졌다. DMZ 비무장지대와 '지뢰'라고 쓰인 푯말이 설치된 민통선 지역을 제외하고, 사람이 다니는 도로와 주거지, 대부분의 민통선 지역의 농경지는 위험이 거의 없다고 보면 된다. 그래도 만약의 안전사고에 대비해 지뢰탐지업체에 지뢰 탐지 및 제거를 의뢰할 수 있는데, 그 비용은 수목의 밀집도와 경사도에 따라 평당 1~3만 원 정도이다.

지뢰 탐지 및 제거 업체 퍼스텍(주): 지뢰 제거 로봇 개발의 선두주자
한국지뢰제거연구소: 대인지뢰를 탐지 · 제거하는 인도주의 지뢰 행동 비영리 NGO 법인 단체

Q5

많이 오른 것 같던데, 지금 사도 될까요?

토지 가격이 급등하는 핵심 요인 7가지, 최적의 매수 시기

한정된 투자자금을 가지고 최대의 투자 수익을 얻으려면 당연히 저평가된 땅을 남들보다 반 발짝 빨리 매수하여(최적의 타이밍) 가격이 폭등할 때 매도해야 한다. 하지만 말이 쉽지 어느 지역의 땅이 언제 오를지, 그리고 언제쯤 사야 할지 그걸 어떻게 안단 말인가!

그래서 어떤 상황에서 가치가 오르는지 상식적으로 알아둘 필요가 있다. 일반적으로 다음 7가지 요인에 따라 땅의 가격은 급변하는데, 그 영향력이 어느 정도냐에 따라서 실제 가격 폭이 넓어진다.

토지 가격이 급등하는 핵심 요인 7가지

1. 도로의 신설과 폐지(철도, 도로, 항로, 지하철 등)

2. 용도지역의 변경(주거지역 ⇔ 상업지역, 관리지역 ⇔ 도시지역 등)

3. 지목의 변경(전/답/임야 ⇔ 대지, 공장용지, 잡종지 등)

4. 주요 시설의 이전(관공서, 혐오시설, 군부대, 백화점 등)

5. 개발 계획의 발표(관광단지, 산업단지, 신도시, 뉴타운 등)

6. 형질변경(성토, 분할, 합병, 절토 등)

7. 기타(선호도/유행/주위 환경 변화 등)

저평가된 곳 중 앞으로 오를 곳은 어디일까?

아파트, 빌라, 전, 답, 임야 할 것 없이 대한민국의 부동산은 오를 대로 올랐다. 특히 집값은 정점을 찍은 것으로 보인다. 서울은 물론이고 부산, 대구, 광주, 세종, 제주도 할 것 없이 전반적으로 고공행진 중이다.

앞으로 더 오를 수도 있겠지만 2020년 전후를 기점으로 인구는 감소하고, 경제성장률은 2%대로 내려앉고, 가계 부채는 1,500조를 넘는 상황에서 집값은 크게 오르지 않을 것이라는 게 부동산 전문가들의 공통된 견해다.

그래서 집보다는 아직 오를 여지가 많은 땅에 주목해야 한다. 한강 이남의 땅은 70년 동안 꾸준히 올랐다. 반면 휴전선과 가까운 지역은 땅값이 오르지 않았다. 군사시설이 많은 관계로 오랫동안 개발이 엄격히 제한되어 공장, 주택, 도로 등을 건설하기 어려웠고 땅에 대한 수요도 적었으니 땅값이 오르지 않은 것은 당연한 일이다. 설령 올랐다고 해도 본래의 가치보다 턱없이 저렴하다.

이런 곳 중 눈여겨볼 곳은 분단 이전에 주요 교통로였거나 번성했던 곳들이다. 지역이 개발되고 번성하는 데는 다 이유가 있다. 지형적으로든 입지적으로든 예전에 중요한 지역이 현재에도 중요한 곳이다. 그러므로 개발은 그런 곳부터 이루어져 서서히 제 가치를 인정받게 될 것이다. 땅을 통해 부자가 되고자 한다면 무조건 이 지역의 조건 좋은 땅을 선점해야 한다.

최적의 매수 타이밍은 언제인가?

오죽하면 '인생은 타이밍'이라고 할까. 공부도, 연애도, 하물며 고자질이나 아부를 할 때도 타이밍이 중요하다. 부동산 투자도 마찬가지다. 피 같은 내 돈 몇천만 원 혹은 몇억 원이 왔다 갔다 하기 때문이다.

땅값이 이미 최고조로 올랐는데 앞으로 더 오를 것으로 예상하고 매수하면 수익은커녕 원금을 손해 보게 된다. 반면 언젠가는 오르겠지 하는 마음으로 시기보다 일찍 매수하면, 땅값이 오르기를 기다리다가 제풀에 지쳐 제값을 못 받고 팔아버리게 된다.

솔직히 지금이라면 DMZ 일대와 접경지역의 땅은 큰돈 없이도 좋은 땅을 매수할 수 있다. 김대중, 노무현 정부 때 주목을 받다가 이명박 정부 때 금강산 관광이 중단되고, 개성공단이 한 차례 폐쇄되는 등 남북교류가 단절되면서 땅값이 다시 주저앉았다. 박근혜 정부 때는 남북관계가 냉각되어 그나마 남아있던 남북교류의 상징인 개성공단마저 폐쇄해버렸다. 문재인 정부가 들어서면서 남북교류에 대한 기대감이 높아지다가 2018년 평창 동계올림픽에서 남북단일팀을 구성한 이후 정세가 급격히 훈훈해졌다. 이런 분위기에 힘입어 접경지역 부동산 거래 시세가 2, 3배 상승했다는 기사가 나오기도 한다.

　이제 시작이다. 이념 때문에 남북한 전쟁이 발발하고 미국과 소련의 정치적 이권 아래 38선이 생겨났지만, 이제는 경제적인 이유에서라도 서로를 필요로 하는 시기가 되었다. 남북교류 활성화는 누가 먼저랄 것도 없이 남북 모두의 생존과 번영을 위해 절실하다. 2, 3배가 문제가 아니다. 가치로 따지자면 아직 멀었다. '최적의 타이밍'을 따지자면 바로 지금이 아닐까 싶다.

Q6 투자처로서 접경지역의 매력은 뭔가요?

가까운 거리, 자연, 저평가된 땅값

'접경지역(민통선 지역)'이라고 하면 사람들은 흔히 북한과 철책이 맞닿은 아주 위험한 곳으로 생각한다. 그래서 처음 방문할 때는 잔뜩 긴장하고 경계를 늦추지 않다가 막상 현지를 돌아보고는 '세 번 놀랐다'고 말한다. 왜, 무엇 때문에 놀랄 수밖에 없을까? 그 이유는 다음과 같다.

하나, 서울에서 1시간 거리

파주에서 민통선까지 가는 길이 흙먼지 풀풀 날리는 시골길일 거라고 생각했다면 착각이다. 서울에서 출발해서 고속도로처럼 잘 정비된 자유로를 타고 1시간 남짓 한강과 임진강 하구를 끼고 드라이브

하다 보면 "벌써 다 왔어?" 하고 놀랄 만큼 가깝다.

출퇴근 시간만 피한다면 차량도 체증 없이 잘 빠지고 도로 또한 매우 쾌적하다. 강변을 지나 자유로 주변에는 롯데아울렛, 신세계 프리미엄아울렛, 통일동산, 헤이리 예술마을 등 볼거리와 즐길 거리가 많아서 사람들의 왕래가 생각보다 많다.

특히 파주시 최북단인 문산에 도착하면 큰 규모의 홈플러스와 CGV를 보고 감탄하게 된다. 이 일대에는 현재 TV 모니터와 휴대폰 액정화면을 만드는 LCD 디스플레이, 전기차 배터리를 만드는 첨단 산업단지가 조성되어 많은 공장이 들어와 있다.

둘, 자연생태가 그대로 보존된 평화의 땅

민통선 바리케이드를 통과하면 타임머신을 타고 시간 이동을 한 것처럼 갑자기 한적하고 평화로운 시골길이 펼쳐져 놀란다. 그리고 차를 타고 이곳저곳을 이동하는 동안 펄쩍펄쩍 뛰어다니는 고라니, 2m가량의 거대한 날개로 날갯짓을 하며 하늘을 날고 있는 검은독수리, 어딘가에서 파드득 날아오르는 꿩들을 보면서 '이야, 사파리가 따로 없네. 자연이 그대로 살아 있구나!' 싶을 것이다.

우리에 갇혀 있는 동물들에 익숙하다가 자연에서 살고 있는 동물들을 보면 어른 아이 할 것 없이 눈에서 반짝반짝 빛이 난다. 인간

또한 자연의 일부이기에 자연에 있을 때 가장 편안해지는 것은 당연한 일이다. 그것만으로도 힐링이 된다고 말하는 사람도 있다.

셋, 발 빠른 사람이 벌써 투자한 곳

마지막으로 예상외로 많은 사람이 접경지역(민통선) 일대에 투자하고 있다는 것에 놀란다. 오랜 기간 군사지역으로 묶여 출입과 개발을 할 수 없었기 때문에 다른 지역에 비해 땅값이 상당히 저렴하다. 하지만 이곳의 땅은 지역 입지가 가지는 본래의 가치가 있기 때문에 상황이 무르익으면 반드시 빛을 보게 된다.

지금 최고의 가치로 거래되는 강남은 1970년대만 하더라도 논과 밭이 전부였고 땅 한 평에 몇백 원 남짓이었다. 그때 선견지명을 갖고 투자했던 사람들은 현재 황금광을 찾은 것과 진배없는 부귀영화를 누리고 있다.

문제는 시간이다. "사두면 언젠가는 오른다"는 말만으로는 매력이 없다. 짧게는 1년, 길게는 10년을 넘기지 않아야 한다. 그렇다면 현재의 분위기는 어떠한가? 2018년 평창 동계올림픽에서 남북이 단일팀을 이루고, 2018년 방북예술단이 평양에서 공연하면서 김정은 위원장을 만나고, 미국의 대통령 트럼프는 조심스럽게 밥숟가락을 얹는 분위기다. 하지만 이런 것만으로 단정 짓기는 힘들다. 국제정세라는 것은 하루아침에 어떻게 변화할지 장담할 수 없기 때문이다.

그렇다면 부동산 투자에 앞서 중요하게 살펴볼 것은 무엇일까? 지금 그곳에 투자하는 사람이 누구인지를 살펴보면 된다. 현재 접경지역에 부동산 투자를 하는 사람들은 대개 통일 관련 관공서에서 일하는 공무원, 강남에서 부동산 투자를 전문으로 하는 사람들, 사업체를 운영하는 CEO들, 금융계통에서 일하는 재테크 전문가들, 이북에서 내려와 성공한 실향민 가족들 혹은 전방에서 군 경험을 한 40~50대 아저씨와 부동산에 재미를 본 평범한 40~50대 주부 등 다양하다. 그만큼 이 지역은 현재 부동산 전문가나 일반인 모두에게 가장 매력적이다.

Q7 그럼 투자처로서 접경지역의 리스크는 뭔가요? 해결 방법은?

전쟁의 위험성,
분단 상황의 지속,
개발행위 금지 및 수용 가능성

단언하건대 리스크 없는 투자는 없다. 하지만 리스크를 알고 투자하는 것과 모른 채 투자하는 것은 확연히 다른 결과를 가져온다. 접경지역의 부동산 투자와 관련된 리스크는 어떤 것들이 있을까? 좀 더 자세히 알아보자.

전쟁의 위험성이 남아있다

남북이 살상무기를 앞세워 대치한 상황이고, 20세 이상 건강한 남자라면 병역의 의무를 이행해야 하는 나라에 살고 있다는 것은 곧 이 나라에서 전쟁의 위험이 사라지지 않았다는 뜻이다. 아니, 극단적으로 말하자면 언제든 다시 전쟁이 터질 수도 있다는 뜻이다. 그렇다면 한반도에 전쟁이 났다고 가정했을 때, 북한에서 제일 먼저 공격할 대상은 무엇일까? 최전방 DMZ, 민통선, 접경지역? 논과 밭 혹은 민가?

아니다. 가장 먼저 북한의 공격에 노출되는 대상은 다음과 같다.

- 대통령, 국무총리, 국방부장관, 국정원장 등 주요 핵심인사
- 청와대를 포함한 행정부, 입법부, 사법부 건물
- 비상시 군 지휘 작전본부
- 공군비행장, 미사일기지, 레이더기지 등 군 핵심시설
- 공항, 항만, 발전소, 통신관제소, 댐, 제철소, 주요 교량, 철도역 등 주요 기반시설

먼저 이런 주요 시설을 미사일이나 전투기로 폭격해 남한의 머리와 눈, 귀, 손, 발, 팔다리를 어느 정도 혼수상태로 마비시킨 후 지상군으로 밀고 내려올 것이다. 생각하기도 싫지만, 제2의 한국전쟁이 일어난다면 전방과 후방 구분 없이 한반도 전체가 불바다가 될 것이다. 1950년 당시와 비교해서는 안 된다.

북한 전투기로 30분이면 전국 어디든 폭격할 수 있고, 중장거리 미사일로 남한의 주요 시설을 타격할 수 있다. 그리고 북한은 군장비가 낡았지만 생화학무기, 잠수함, 핵무기 같은 비대칭 전력이 뛰어나기 때문에 남한의 군사력보다 훨씬 위협적이다. 하지만 다시금 한

국전쟁이 일어난다면 남북한 모두 얻을 게 하나도 없는 공멸의 현장이 될 것이다. 서로가 이러한 상황을 뻔히 알고 있기에 전쟁은 결코 일어날 수도 없고, 일어나서도 안 된다.

이러한 정황상 전방보다 후방이 더 안전할 것이라는 생각은 틀렸다. 오히려 전방지역이 서울보다 더 안전하다고 볼 수 있다. 전쟁에 대한 불안으로 접경지역의 투자가치가 손상되는 시대는 벌써 지나갔다.

분단 상황이 지속될 수도 있다

전쟁이 일어나지 않더라도 휴전선을 경계로 지금처럼 분단 상황이 계속된다면 땅값은 현재에서 크게 변화하지 않을 것이다. 분단 이후 60년이 넘는 세월이 흘렀고, 통일을 간절히 바라던 세대가 하나둘 세상을 떠나면서 '통일'에 대한 의지나 열망이 점점 사라지고 있기에 리스크를 생각하지 않을 수 없다. 이에 현재 북한의 상황을 살펴볼 필요가 있다.

전 세계가 손바닥만 한 스마트폰으로 네트워크화되고, 언어가 서로 다른 세계인이 그 안에서 소통하고 있는 세상이다. 북한이라고 예외일 수 없다. 스마트폰 보급이 늘고 애플리케이션이 활발하게 개발되고 있으며, 북한 당국이 엄격히 통제하고 있음에도 불구하고 젊은이들 중심으로 세계 뉴스와 문화가 퍼지고 있다. 현재 평양 거리는 출퇴근 시간대에 교통 혼잡이 생길 정도로 택시와 외제 자가용이 늘었고, '여명거리' 일대에는 고층건물이 즐비하며, 피라미드 형태의 초현대적인 디자인을 자랑하는 105층 높이의 '류경 호텔'은 이미 세계적으로도 유명하다.

북한의 최고통치권자인 김정은은 학창시절의 대부분을 스위스에서 보내며 선진자본주의를 충분히 경험했다. 스위스 에멘탈 치즈를 먹으면서 미국 NBA 농구에 열광했다. 그런 그가 세계와의 외교를 단절한 채 고립을 자초할 리 없다. 변화하지 않으면 무너질 수밖에 없다는 것을 그 또한 잘 알고 있다. 구소련의 경우를 통해서 알 수 있듯이, 소련이 붕괴한 것은 핵이 없어서가 아니라 경제가 무너졌기 때문이다.

북한과 외교관계를 맺고 있는 중국, 러시아, 쿠바, 이란, 베트남, 미얀마, 캄보디아, 몽고, 중앙아시아 국가들 모두 앞다투어 경제개발을 하고 있고, 주변국들과 왕성하게 무역교류를 한다. 이런 상황에서 살얼음판 같은 분단 상황은 당연히 오래 가지 않을 것이고, 조만간 교류의 물꼬가 터지면서 왕성한 남북교류가 진행될 것이다.

개발행위 금지 및 수용 가능성

남북교류가 활성화된다고 해서 금세 접경지역에 건물이 들어서고, 개발이 이루어지지는 않을 것이다. 오히려 이곳 일대의 개발을 금지하거나, 정부에서 수용하여 대단지 남북교류 통일 특구로 개발할 수도 있다. 특히 DMZ 비무장지대는 60년 이상 사람의 발길이 닿지 않고 자연 그대로의 환경이 보존된 세계자연생태의 보고다. 그러나 현실적으로 남북이 활발하게 교류하기 위해서는 어느 정도 접경지역의 개발은 불가피하다. 이에 정부에서는 투 트랙(two tracks)으로 보존과 개발을 병행할 것으로 보인다. 구체적인 내용은 다음 장에서 살펴보자.

Q8 기껏 땅 샀더니 정부 사업에 수용되면?

수용 예상 지역

부동산은 값이 싸다고 해서 무조건 좋다고 말할 수 없다. 싼 데는 다 그럴 만한 이유가 있기 때문이다. 남북이 화해 기류 속에서 '봄이 온다'고 외치고 있지만, 어쨌거나 현재는 휴전선을 사이에 둔 채 서로 총을 겨누고 있다. 접경지역 어딘가에 지뢰가 있을 수 있고, 앞으로 지역이 어떻게 개발될지도 예측할 수 없다. 북한에서는 수시로 미사일을 쏘아 올리고, 핵을 앞세워 미국과 줄다리기를 하기도 한다. 이런 마당에 "당장 개발도 못 하는 땅을 사서 돈을 묶어둘 필요가 있을까요?"라는 말이 나오는 것은 어찌 보면 당연하다.

하지만 이것은 맞는 말이기도 하고, 맞지 않는 말이기도 하다.

땅값을 후려치는 명분, 공공사업

접경지역에 투자하는 사람들의 고민 중 하나가 혹시 자신이 투자한 땅이 나중에 통일특구나 평화공원으로 예정되어 정부에 땅을 수용당하면 어떡하나 하는 것이다.

독재정권 시절, 정부에서 고속도로나 산업단지를 만든다는 이유로 개인 땅을 말도 안 되는 가격으로 후려쳐서 수용했던 것이 사실이다. 잘사는 나라를 만들기 위해 그렇게 하는 것이라니, 그 당시 땅 소유자는 억울해도 어디 가서 하소연도 할 수 없었다. 명분 그대로 공공을 위한 사업 앞에 개인의 권리는 중요하지 않게 치부되었다.

하지만 지금은 그렇지 않다. '토지보상법'에 따르면, 공공사업으로 개인의 토지가 수용되면 공시가가 아닌 2~3개 감정평가기관의 감정평가액을 산술 평균하여 보상하게 되어 있다. 이 감정평가기관 중 하나는 개인이 지정할 수 있다. 현재 대부분의 수용가는 시장가에 근접해서 평가되고 있으며, 어떤 경우에는 시장가보다 높게 평가되기도 한다. 오히려 수용을 예상하고 강제 수용 예상지만 골라서 투자하는 사람도 많을 정도다.

파주의 복합화력발전소 건설과 관련하여 인근 지역을 공공 수용할 때, 평당 15~20만 원이던 땅을 60만 원대로 보상한 것만 봐도 잘 알 수 있다. 보상가는 객관적인 평가 금액도 중요하지만 개발속도의 중요성, 수용기관의 의지, 주민의 반발 강도 등에 따라 달라진다.

수용이 돼도 좋고, 수용이 안 되면 더욱 좋은 땅!

접경지역 일대는 오랫동안 개발로부터 소외되었으며 개인 땅인 데도 불구하고 소유주가 재산권을 행사하는 데 제약을 받아왔다. 그런 만큼 땅이 공공사업과 관련하여 수용되는 데 민감하다.

개발계획이 세워지면 정부에서는 가능한 한 빨리 진행하기 위해 수용 지역의 주민들에게 넉넉한 보상을 해주면서 자발적인 참여를 유도한다. 헐값의 감정가로 수용했다가는 반발이 생길 것이고 그로 인해 개발계획에 차질이 생기면 오히려 문제가 커진다는 것을 잘 알기 때문이다. 게다가 땅값이 워낙 저평가되어 있기 때문에 높게 보상을 해줘도 다른 개발지역보다 땅값으로 지출되는 사업비가 적어서 정부 입장에서도 부담이 되지 않는다. 만약 공공사업과 관련하여 수용된다고 해도 시장가보다 높은 보상을 받을 수 있으므로 문제가 될 것은 없다.

수용 예상지역

구체적인 보전지역과 개발지역은 어디일까요? 이유는?

접경지역의 지역적 특성, 구체적인 보전지역과 개발지역 예상

전쟁의 위험을 안고 있는 접경지역이지만 지금과 같은 화해 분위기를 이어나가 남북한이 평화의 시대를 끌어낸다면, 이 지역은 최상의 투자처로 떠오를 것이다. 그때를 위해 예상 보전지역과 개발지역을 살펴보고자 한다. 그러기 위해서는 먼저 접경지역 일대의 지역적 특성을 이해할 필요가 있다.

접경지역의 지역적 특성

접경지역은 자연 생태관광지로서의 가치가 매우 큰 곳이다. 군사분계선 근방 폭 4km, 길이 248km, 면적 2억 7,200만 평인 DMZ 비무장지대와 민통선 구역인 철원, 양구, 파주 일대는 고라니와 오색딱따

구리, 독수리 등 희귀 동식물의 주요 서식처이다. 이곳은 생태환경이 우수하므로 향후 개발보다는 생태공원이나 DMZ 평화공원 같은 보전지역으로 묶일 가능성이 크다. 따라서 이 지역은 투자 방향성을 고려해 접근해야 한다.

또한 접경지역 일대에는 역사적 가치가 높은 유적지들이 많다. 대표적으로 파주에는 덕진산성과 화석정, 임진강나루, 제3땅굴 등이 있다. 연천에도 고량진포구와 경순왕릉, 호로고루성 등이 자리 잡고 있으며, 강원도 철원에는 후고구려 시대 유적지와 인민군 당사 등이 있다. 양구의 펀치볼, 제4땅굴과 고성의 고성 읍성, 선사유적지도 역사적 가치가 높다.

이 지역들은 개발보다는 보전에 역점을 두고 정부사업이 진행될 가능성이 크다. 문화재가 많은 지역과 너무 가까운 부동산은 역사 문화재 사업의 일환으로 강제로 수용되거나 문화재보호법의 적용을 받아 개발에 많은 제약이 발생할 수도 있다. 그럴 때는 그 주변의 역사문화재로 진입하는 핵심 교차로 지역에 투자할 것을 추천한다. 추후 많은 관광객을 유치할 수도 있고, 식당이나 카페, 매점 등이 들어설 가능성도 있으므로 복합적으로 고려해봐야 한다.

마지막으로 접경지역은 남북교류협력단지가 들어설 최적의 위치에 자리 잡고 있다. 파주시와 인접한 북한 개성시에는 이미 개성남북협력공단이 조성돼 있고 향후 연천, 철원, 양구, 철원, 고성 일대도 교류협력의 핵심지로 개발 가능하다. 남북교류협력단지가 어디에 어떻게 만들어질지 예상하려면 북한과 남한 정부의 향후 계획을 종합적으로 자세히 살펴봐야 한다. 아무래도 개발계획이 많은 곳에 각종 자원이 많이 투여되고 개발사업도 원활하게 진행될 가능성이 크다.

접경지역은 지역적 특성에 따라 주변 환경을 훼손하지 말고 잘 보전해야 할 곳과 남북교류와 협력을 통해 개발할 곳으로 나눌 수 있다. 보전과 개발, 이 두 마리 토끼를 잡기란 쉽지 않겠지만 정부는 둘 중 어느 하나도 놓치지 않고 조화롭게 잘 진행하려고 할 것이다. 즉, 체계적인 계획에 따라 보전지역과 개발지역을 구분하여 접경지역 일대를 개발해나갈 것이므로 투자에서도 더 입체적인 분석과 판단이 필요하다. 투자 목적으로 접근한다면 보전지역보다는 당연히 개발지역을 찾아서 투자하는 편이 가격 상승에서나 부동산 매도처분의 용이성에서나 훨씬 유리하다.

구체적인 보전지역과 개발지역 예상

① 환경 보존 예상 − 대부분의 DMZ 비무장지대

대성동 마을 일대와 주요 교통로(경의선, 경원선, 동해선 철도 및 도로)를 제외하고는 DMZ 비무장지대 대부분을 세계자연생태공원으로 조성하여 민간인의 개발행위가 금지될 확률이 높다.

남극과 북극, 세계의 오지라 일컬어지는 그 어느 곳이든 사람의 발길이 닿지 않은 곳이 없다. 그러나 세계에서 유일하게 DMZ 비무장지대만은 60년 넘게 사람의 발길이 닿지 않은 채 식물과 동물이 자연생태 그대로 살아왔다. 생태학적 가치와 관광적인 가치로 따지자면 세계인의 높은 관심을 받을 것이 뻔하므로, 정부 주도하에 원상태를 유지한 채 자연친화적인 개발을 진행할 것이다.

그리고 이 DMZ 지역 중 특정지역은 평화공원 혹은 생태공원으로 정부가 전면 수용하여 개발할 것이다. 사업을 빨리 진행해야 하고 그동안 이 지역은 너무 피해가 많았기 때문에 수용가는 상당히 높으리라고 본다. 사실 이곳은 민간이 손대기 힘든 것이 사실이다. 지뢰가 어디에 얼마나 매설되어 있는지 알 수 없으므로 개발할 때 예상하지 못한 비용과 사고에 대비해야 하기 때문이다.

하지만 예외인 곳도 있다. 바로 대성동 마을이다. 그간 개발 제한 때문에 주민들이 불편함을 감수하고 살아야 했으나 그 덕분에 희소성 높은 지역이 되었다. 화해 분위기가 무르익고 통일이 다가왔을 때 가격이 폭등할 가능성이 크다.

② 개발과 보전 둘 다 가능 – 민통선 통제보호구역

민통선 지역은 남방한계선에서부터 10km 이내 지역의 땅이다. 대개 야산과 평지인데, 현재는 농민들이 논밭으로 일구어 영농활동을 하고 있다.

남북교류시대, 이곳은 보전지역과 개발지역으로 나누어 다양한 형태로 조성할 가능성이 크다. DMZ 생태공원의 배후지로서, 정부에서는 이곳 대부분을 전원주택, 농장, 펜션, 관광농원 등 농림지역 수준으로 건축행위를 할 수 있게 제한적인 개발을 유도할 것이다.

하지만 이것이 전부는 아니다. 민통선 지역 중 몇몇 곳을 핵심 거점지역으로 선정, 산업단지와 관광단지로 혹은 신도시로 개발할 수도 있다. 제2, 제3의 개성공단이나 개성공단의 규모를 넘어 세계 각국에서 온 기업들을 유치할 만한 대규모 산업단지가 들어서고, 그 산업단지에서 일할 노동자와 주민이 거주할 주거시설과 상업시설이 만들어질 수도 있다. 또한 UN 동아시아 사무국을 포함한 국제기구 · 호텔 · 컨벤션센터 · 업무시설 · 백화점 등이 들어서면서 세계평화도시가 세워질 가능성도 있다.

이런 상황에서 민통선 지역은 개발 지역과 비개발 지역, 수용 지역과 비수용 지역으로 나뉘며 땅값에 큰 차이를 보일 것이다. 그렇다면 과연 어디가 가장 유리할지가 제일 궁금하다. 고심 끝에 샀는데 그곳이 비개발 지역이면 어떡하지? 수용 지역이면 어떡하지? 전전긍긍!

하지만 그 지역이 어떻게, 무엇으로 조성되든 상관없이 우리나라 땅 그 어느 곳보다 투자가치는 높다. 현재 민통선 지역 밖에 있는 같은 조건의 토지에 비하면 가격이 1/10~1/2 정도밖에 안 되기 때문에 가격에서 장점이 크다. 또 남북교류 협력시대가 오면 그때부터는 휴전선과 가까울수록 토지 가격이 상승하는 기이한 현상이 발생할 것이다.

민통선 지역 중 특히 남북교통로가 열리는 곳을 주목해야 한다. 경의선 라인과 가까운 파주 민통선, 경원선 라인과 가까운 철원 민통선, 동해선 라인과 가까운 고성 민통선, 그리고 일제 강점기에 도로가 있었던 연천 민통선, 양구 민통선 등이다. 예측하건대 교통로 인근은 개발 위주로, 다른 민통선 지역은 보전 위주로 사업이 진행될 가능성이 크다.

③ 눈부신 개발 – 제한보호지역

접경지역의 제한보호지역은 휴전선으로부터 10~25km 이남 지역으로, 이곳은 눈부신 개발과 성장이 예견된다.

아직은 개발하려면 군부대의 동의가 있어야 하지만 앞으로는 그런 제한이 풀리고, 한강 이남으로 갔던 공장이나 기업이 접경지역으로 몰려들 것이다. 그리고 제한보호구역 곳곳에 있던 군 시설이 점차 압록강변, 두만강변 혹은 전국에 있는 주요 군 시설로 축소 이전될 것이다. 도로가 확장되고, 인구가 늘어나면 다양한 문화 상업시설도 번성하면서, 주요 남북교통로가 있는 곳을 중심으로 집중적인 투자가 이루어져 땅값이 폭등할 것이다.

예상 보전지역	**동일 행정지역상** · DMZ 비무장지대 중 파주 대성동 마을 일대와 경의선/경원선/ 동해선 교통로 근방을 제외한 지역 · 민통선 통제보호구역 중 자연생태의 보존이 양호하거나 주변 에 역사문화 유적지가 있는 지역 **동서 지역적 측면** · 철원 통제보호구역(경원선 교통로 근방과 남북경협 및 세계평화공원 지 역은 개발 예상) · 고성 통제보호구역(동해선 교통로 근방과 관광단지 및 세계평화공원 지 역은 개발 예상) · 양구 통제보호구역(해안면 펀치볼 일대는 관광단지 및 농공단지로 개발 예상) · 연천 통제보호구역(장남면, 백학면, 경원선 통과지역이나 남북경협 및 농공단지는 개발 예상) · 파주의 제3땅굴, 덕진산성 등 역사문화 유적지와 보존 상태가 양호한 지역
예상 개발지역	**동일 행정지역상** · DMZ 비무장지대 중 대성동 마을 일대, 경의선/경원선/동해선 교통로 근방, 남북경협 및 세계평화공원 지역 · 민통선 통제보호구역 중 농경지로 경작 중인 지역과 자연생태 보존의 의미가 없는 지역 · 대부분의 제한보호지역(이곳은 향후 군사시설 보호법의 적용에 따라 해 제될 것임) **동서 지역적 측면** · 철원, 고성, 양구, 연천의 일정 지역 · 파주, 김포, 강화의 대부분 지역(역사문화 유적지와 생태학적으로 보 존가치가 양호한 지역 제외)

Q10 접경지대 핵심 투자지역을 콕 짚어준다면?

분단 전 주요 교통로

이쯤 되면 접경지역 부동산 투자라는 게 생각보다 만만치 않다 싶을 것이다. 적당한 곳에 묻지 마 투자 식으로 간단히 접근할 작정이었다면 들을수록 점점 고려사항도 많아지고, 뭐가 뭔지 미로 속에서 헤매는 듯할 수도 있다. 하지만 한정된 자금으로 최고의 투자 결과를 얻기가 그리 쉬울까? 여러 연관된 사항을 복합적으로 고려해서 투자해야 조금이라도 더 성공적인 투자에 가깝게 설 수 있다. 복잡하다고 생각하지 말고 가능한 한 많은 정보를 가지고 횡으로 종으로 다각적으로 분석하여 최적의 투자처를 찾는 것은 필수다.

남북 분단 전 남북을 연결하는 주요 교통로는 어디였을까?

남북교류가 활성화되면 철조망으로 막혔던 교통로가 활짝 열리게 된다. 그러면 분단 전 사용된 교통로가 다시금 주목받게 될 것이다. 예전에 사용되던 교통로 역시 당시의 인구분포와 자연 지형에 따라 나름 최적으로 만들어진 것이기 때문에 작고 굴곡진 교통로를 현대적으로 크고 넓게 개량하거나 새로 건설한다고 해도 기존의 주요 교통로를 감안해서 만들어질 수밖에 없다.

그리고 인적 교류, 물류의 이동, 통일경제특구, 공단, 평화공원 등의 접경지역 개발사업은 주요 남북교통로 주변에 만들어질 것이기 때문에 접경지역 투자를 할 때 반드시 분단 전 주요 교통로를 고려해야 좀 더 합리적인 투자처를 찾을 수 있다.

3개의 철도, 6개의 국도, 4개의 지방도

경의선 철도, 동일 지역 노선 국도 1호선
경원선 철도, 동일 지역 노선 국도 3호선
동해선 철도, 동일 지역 노선 국도 7호선
국도 43호선(서울 ≫ 금강산 유람 노선)
국도 5호선(춘천, 화천, 철원 ≫ 평안북도)
국도 31호선(양구 ≫ 북한 내금강, 함북 신고산)
지방도 연천 장남면 원당리/반정리 ≫ 북한 장풍군 구화, 개성
지방도 연천군 군남면 옥계리 중면 ≫ 북한 장풍군 삭녕 ≫ 황해도 금천
지방도 연천군 신서면 송현리 ≫ 북한 철원, 황해도 금천
지방도 인제군 서화면 ≫ 북한 외금강산

핵심 투자지역 Key Point!

0순위 핵심 투자지역

DMZ 대성동 마을 농지, 파주 민통선, 통일촌, 해마루촌 마을 인근 농지

1순위 투자지역

철원 경원선 근방의 민통선 일대 / 연천 장남면, 백학면의 민통선 일대 / 고성 동해선 근방의 민통선 / 파주 제한보호지역 대부분, 특히 경의선 라인 근방

2순위

김포, 강화의 민통선 일대 / 양구의 해안면 펀치볼 일대

3순위

기타 접경지역 일대

Q11 뭘 기준으로 나한테 딱 맞는 곳을 찾을 수 있을까요?

투자 기준점:
투자 목적,
현재 사는 지역,
보유 기간,
명의

각자 자신만의 취향이 있듯이 투자에도 스타일이 있다. 만약 내가 위험을 무릅쓰고 고수익 투자를 지향하는 공격적인 스타일이라면 휴전선과 DMZ 비무장지대에 가까운 지역 중 가격과 앞으로의 개발 전망을 종합적으로 판단하여 콕 찍어서 특정 지역에 몰아 투자하는 것이 좋다.

반면 안정적 투자를 지향하는 스타일이라면 DMZ 비무장지대에서 멀리 떨어진 제한보호구역 중 핵심지역을 선별하여 작은 필지 위주로 골고루 나눠서 분산투자를 하는 것이 좋다. DMZ에 가까울수록 남북관계에 깊이 영향을 많이 받기 때문에 그만큼 가격 변동성이 크기 때문이다. 내 스타일이 무엇인지 모르겠다면 다음 내용을 참고해 보자. 판단의 기준점이 될 것이다.

하나, 무슨 목적으로 투자하는가?

만약 생계를 목적으로 영농이나 귀농을 생각한다면 농지를 이곳저곳에 분산해서 매수하는 방식이나 DMZ 비무장지대처럼 출입이 어려운 곳의 부동산을 매수하는 것은 좋지 않다. 이곳저곳 옮겨 다니면서 농사를 짓는다는 것은 현실적으로 시간 대비 효용성이 떨어져 너무 힘들다. 일정 지역에 도로와 관개수로가 갖춰진 농업진흥지역에 몰아서 농지를 집단화하는 것이 좋다.

반면 주말농장용 투자자라면 경치가 좋고, 오가기 편한 지역에 작은 농지를 구입하는 것이 좋고, 투자가 목적이라면 지역을 따질 필요 없이 투자성만 고려하면 된다.

둘, 어느 지역에 살고 있는가?

주민등록상 거주지가 접경지역 근방 30km 이내인가 아닌가에 따라 양도소득세가 달라진다. 사업용 토지와 비사업용 토지를 따지는 재촌자경 항목 중 재촌 요건을 충족하는 것이 되므로 직접 농사짓는 자경 조건만 갖추면 된다. 따라서 주거지가 접경지역 근방 30km 이내라면 기왕이면 근처의 접경지역 땅을 매수하는 것이 좋다. 만약 30km 이상 떨어져 거주한다면 사업용 토지의 재촌자경 조건을 충족시키기 어려우므로 DMZ 안의 유망지역이나 임야, 잡종지, 대지를 매수하여 사업용 토지로 인정받은 후 절세를 하거나 농지은행에 8년 이상 위탁경영을 생각하여 농지를 매수하는 것이 좋다.

셋, 땅 매입 후 예상 보유 기간은 얼마나 되는가?

양도소득세율은 1년 이내 50%, 1~2년 이내 40%의 높은 세율로 부동산 양도차익에 대한 세금 부담액이 크므로 만약 2년 이내 단기보유를 지향하는 투자자라면 접경지 부동산 투자를 추천하고 싶지 않다. 하지만 이런 투자자라도 가격 상승 가능성이 크고 개발속도가 빠를 핵심요지 중 급매물(특히 경의선 라인 중심으로)에 접근할 수 있을 것이다. 만약 8년 이상 장기 투자자라면 8년 이상 농지은행에 위탁경영을 맡겨 사업용 토지 세금을 적용받을 수 있는 농지에 투자하거나 민통선 축소 예상지역이나 중장기적으로 가격 대비 투자가치가 많은 지역에 좀 더 비중을 둘 필요가 있다.

5년 이내 개발 예상지역	파주(경의선 주변) 연천(파주시에 가까운 장남면과 백학면, 경원선 통과지역) 철원(경원선, 금강산선 주변) 고성(동해선 주변)
10년 이내 개발 예상지역	연천, 김포, 강화
15년 이내 개발 예상지역	양구, 화천

넷, 누구 명의로 매입하는가? 개인? 법인?

개인은 전, 답, 대지, 임야, 잡종지 등 지목에 상관없이 매입할 수 있지만, 법인(농업법인, 영농조합 제외)은 원칙적으로 농지(전, 답, 과수원)를 매입할 수 없다. 그래서 임야, 잡종지, 대지, 묘 등의 지목에만 접근할 수 있다. 법인은 양도소득세를 적용받는 것이 아니라 법인소득세를 적용받기 때문에 보유 기간의 고려사항에서 자유롭다. 구체적으로 개인의 경우 보유 기간에 따라 1년 이하는 50%, 1~2년 이내는 40%, 2년 이상은 두 부류로 나눠 사업용 토지는 6~42%, 비사업용 토지는 16~52%의 누진세를 적용받는다.

법인세는 해당연도 경비를 제외한 순수 법인소득이 2억 이하면 10%, 2억 이상은 20%로 낮은 세율을 적용받아서 좋지만, 개인이 받을 수 있는 3년 이상 보유 시 장기보유특별공제 혜택(보유 기간에 따라 3~30% 공제)은 받을 수 없으며, 법인자산에서 개인자산으로 이동시킬 때 개인소득세 6~42%를 납부해야 하기 때문에 종합적으로 비용과 효용을 따져서 개인명의와 법인명의를 결정해야 한다.

개인명의로 매수한다면 큰 규모의 땅보다는 가능한 한 작은 규모의 땅 필지를 여러 개 매입하는 것이 나중에 매도하기도 쉽다. 다년간에 걸쳐 하나씩 나눠서 매도하면 1년 단위로 개인별로 부과되는 양도소득세의 특성상 절세 측면에서 훨씬 유리하다.

Q12 그 밖에 접경지역 특성상 꼭 알아둬야 할 게 있다면?

7가지 유용한 조언

접경지역 토지투자는 다른 지역에서와 달리 특이한 형태의 거래가 많다. 일반 부동산 거래를 했던 사람이라면 어리둥절하거나 나중에 법적인 분쟁에 휘말릴 수 있으니 투자 전에 다음 사항들을 반드시 확인해야 한다.

1. DMZ, 민통선 안쪽 토지의 경우 지뢰나 출입 통제 등으로 현장 확인이 어려울 때가 많다

DMZ 지역은 출입이 통제되어 현장을 확인할 수 없고, 민통선 지역은 '지뢰가 의심된다'는 지뢰표지판이 있거나 장기간 사람이 다니지 않아 도로가 없어서 접근이 어려운 곳이 많다. 이런 경우 구글 위성지도로 확인하고 거래할 수밖에 없다. 이때 중요한 것은 이 지역의 현황도로와 지적상도로, 지적경계가 불분명하기 때문에 소유관계의 정확성, 면적, 토지이용계획확인원, 지적도와 임야도의 실제 사항과 현황이 다를 수 있다는 점을 감안하고 거래해야 한다.

2. 소유관계를 중요하게 살펴봐야 한다

접경지역에는 6 · 25전쟁 당시 화재로 서류가 불타버리거나 원소유자가 행방불명되어 주인을 확인할 수 없는 부동산이 많았다. 정부에서는 1982년부터 1993년까지 '수복 지역 소유지 미복구 토지의 복구 등록과 보전 등기에 관한 특별법'을 시행해 원소유자를 찾아주는 사업을 했다. 소유권을 증명할 수 있는 서류가 부족할 때는 '이 사람의 땅이 맞다'라고 증언해줄 수 있는 현지인 3명의 확인서가 있으면 소유권을 부여해주었는데, 이를 '인우보증을 통한 보존등기'라고 한다.

그러나 인우보증의 폐해로 많은 땅이 원소유주가 아닌 다른 사람에게 등기되었다. 이 말은 만약 원소유자가 나타나 소유권 주장을 한다면 재판 분쟁의 여지가 생길 수 있다는 뜻이다. 하지만 분단된 지 70년 가까이 된 상황이라 원소유자가 지금까지 생존해 있다고 보기 어렵고, 원소유자가 있더라도 소유권을 증명해줄 수 있는 소유권원을 확보하기도 어려우며, 설령 소유권원을 가지고 있다 하더라도 민법 제245조의 '점유 취득 시효와 등기부 취득 시효를 이겨내기 위한 근거'를 마련해서 등기권리증 상의 소유자를 상대로 재판을 해서 승소하기도 쉽지 않다. 그렇긴 하지만 돌다리도 두드려보고 건너라고 하지 않던가. 더욱 세심하게 전문가의 확인을 거쳐 거래한다면 추후 생길 수 있는 분쟁을 피해갈 수 있을 것이다.

소유권 분쟁 관련 참고사항

● 점유 취득 시효

민법 제245조(점유로 인한 부동산 소유권의 취득 기간): 20년간 소유의 의사로 평온, 공연하게 부동산을 점유하는 자는 등기를 함으로써 그 소유권을 취득한다.

※ 점유 요건

가. 소유의사가 자주점유이어야 한다(자주점유의 판단은 점유취득권원의 성질에 의하여 객관적으로 정해진다).

나. 평온, 공연한 점유여야 한다.

● 등기부 취득 시효

민법 제245조(점유로 인한 부동산 소유권의 취득 기간): 부동산의 소유자로 등기한 자가 10년간 소유의 의사로 평온, 공연하게 선의이며 과실 없이 그 부동산을 점유한 때에는 소유권을 취득한다.

※ 적용 요건

가. 점유자는 자주, 평온, 공연하게 점유하였을 것

나. 선의, 무과실의 점유일 것

다. 등기와 점유가 10년간 계속되었을 것

3. 향후 토지 수용 가능성을 염두에 두고 투자한다

남북관계가 좋아져서 교류협력이 활성화되면 통일경제특구, 평화공원, 도로철도, 건물, 등 각종 개발계획으로 많은 토지가 수용될 것이다.

어디가 어떻게 개발될지 족집게처럼 알 수 없는지라 토지 수용 가능성을 염두에 두고 여러 지역에 거쳐 상대적으로 저평가된 지역 위주로 분산투자를 하는 것이 좋다. 과거에는 토지 수용 시 토지 보상가가 턱없이 낮아 주민들과 갈등이 있었지만 최근 10년간 파주 지역의 수용 사례를 보면 일반 매매가보다 좋은 감정평가액으로 보상받은 것을 알 수 있다. 그래서 오히려 토지 수용이 예상되는 곳을 선별해서 투자하는 사람들도 있다.

토지 수용을 예상하고 투자하고자 한다면 토지 수용 예정지(도라산역, 월정리역, 철원역 근거리, 장단반도, 평화공원 예정지 등)에서 저평가된 토지 위주로 알아보고, 그 외에는 수용 예정지 밖의 토지 중에 저평가된 토지 위주로 알아보는 것이 좋다.

4. 접경지역 토지는 장기 보유를 전제로 매입한다

토지는 주택이나 상가 투자보다 장기적인 안목으로 접근해야 한다. 접경지역 토지는 특히나 장기 보유를 전제로 매입해야 한다. 대부분의 지역이 군사시설보호지역으로 묶여 있어서 원칙적으로 개인의 개발행위가 엄격히 제한받는 것은 물론, 남북관계의 영향을 많이 받는다. 과거에도 정세에 따라 투자가가 구름떼처럼 몰려들었다가 하루아침에 발길이 뚝 끊어진 경우가 몇 차례나 있었다.

그러므로 단기 투자 수익을 기대하고 접근했다가 나중에 매도가 안 돼 가슴앓이하는 상황이 벌어지지 않도록, 여윳돈을 가지고 느긋하게 투자하길 바란다. 그런 마음가짐으로 접근한다면 분명 상상 이상의 놀라운 투자 수익을 얻을 수 있을 것이다.

5. 경의선, 경원선, 동해선 철도와 남북 연결도로가 지나는 지역을 중심으로 접근한다

접경지역이 새롭게 주목받고 개발이 현실화된다면 모든 것이 중심 교통로 위주로 시작된다. 제한된 자금으로 최대의 투자 수익을 기대한다면 토지 가격 폭등 예상지에 투자하는 것이 정답이다. 그리고 그 1순위는 파주(연천), 2순위는 철원, 3순위는 고성이다. 앞에서 자세히 다루었으니 참고하자.

6. 최악의 경우를 예상하며 토지 사용 계획을 그려 놓자

어떤 경우에나 '만약'이라는 것이 있다. 강남불패 신화가 계속되고 남들 다 짭짤한 수익을 올렸다는 신도시 투자에서도 번번이 손해를 보는 사람도 있다. 하물며 제약이 많은 접경지역의 토지에는 얼마나 많은 변수가 생기겠는가.

만약 상황이 계획과 다른 방향으로 흘러간다면 그때는 어떻게 대처할지 미리 계획을 세워보길 바란다. 은퇴 후 농막을 활용한 세컨드하우스, 주말농장, 과수원, 농업 경영, 농지연금 등 삶의 여정에 맞춰 핑크빛 미래를 그려 놓으면 어떤 상황에서도 여유를 가질 수 있다.

7. 지뢰 매설 예상지를 피하고 가능한 한 비지뢰지역을 매입하라

접경지역 특히 DMZ와 민통선 지역은 지뢰 매설이 예상되는 지역에 따로 지뢰표지판과 철조망을 두어 출입을 금지하고 있다. 1차는 6·25전쟁 직후, 2차는 김신조 무장공비 침투공작 때, 그 이후에는 필요에 따라 지뢰가 매설된 지역이다.

정확하게 어디에 어떻게 매설했는지 자료가 없기 때문에 예상지역을 광범위하게 표지판과 철조망으로 표시해놨는데, 당연한 말이지만 이런 표지판이 없는 안전지역을 매입하는 것이 좋다. 어쩔 수 없이 지뢰 매설 예상지역을 매입했다면 추후 정부에서 지뢰 제거 탐지작업을 진행할 때 도움을 받거나 개인적으로 지뢰 제거 전문가와 업체에 도움을 받으면 된다.

제

4

장

접경지역 투자 상식,
이 정도는
알고 덤벼야 한다

'수단과 방법을 가리지 않고'가 아니라
'수단과 방법을 가려서' 투자한다.

1 땅의 계급을 정하는 3가지

부동산 용어와 토지이용규제 정보서비스

"문제를 잘 읽어봐. 무슨 말인지 알아야 답을 찾을 것 아니야!"

학창시절 선생님들이 늘 하시던 말씀이다. 수학이든 영어든 과학이든 다 마찬가지다. 사실 제일 어려운 것이 문제를 이해하는 것일 때도 있다. 왕왕 문제를 제대로 이해하지 못해서 오답을 쓰기도 한다.

문제를 이해하는 데 중요한 것이 '용어'다. 예를 들어 '△ABC는 각은 모두 60도이고 변은 모두 50m일 때 삼각형의 3개의 호를 구하시오'라는 문제가 있다고 하자. 문제는 '호'를 구하라는 것인데, 정작 '호'가 무엇인지 모른다면 답을 구할 수 없다. 이때는 '호'가 '원둘레 또는 기타 곡선 위의 두 점에 의하여 한정된 부분'임을 알고 있어야 한다. 그것이 용어 익히기다.

부동산 투자도 마찬가지다. 부동산은 전문용어가 많이 쓰이는 분야이며 특히 일제 강점기 때 정립된 개념들도 많아서 한자 표현이 많다. 그러므로 부동산 투자에 앞서 용어를 익힐 필요가 있다. 물론 아무것도 모른 채 부동산중개인만 믿고 거래할 수도 있다. 하지만 막상 문제가 생겼을 때 중개인에게 따질 수도 없을 뿐더러 모든 책임은 본인의 몫임을 알아야 한다.

"흔히 쓰이는 용어도 아니고 뜻도 어려운데, 그중 꼭 알아야 할 것만 딱 짚어서 알려주시면 안 될까요?"

세세한 용어까지 익히기에 어려움이 있다면, 부동산 거래할 때 반드시 알아야 할 용도지역, 지목, 도로에 대한 개념만이라도 외우자. 부동산 매입과 매도 시 제대로 거래하는 데 도움이 될 것이다.

용도지역, 지목, 도로만 알아도 투자 고수

땅의 가치는 그곳을 어떻게 활용하느냐, 즉 인간에게 얼마나 의미 있는 가치를 갖느냐에 따라 달라진다. 그리고 그 가치를 사회구성원이 서로 교환할 수 있는 화폐가치로 평가하는 것이 가격이다. 우리나라는 땅의 활용성을 용도지역(지구)과 지목으로 나누어 관리한다. 땅을 사람으로 비유하자면 용도지역은 신분과 계급에 해당하고, 지목은 직업과 같다.

과거 인도에서는 브라만(성직자), 크샤트리아(행정가, 군인), 바이샤

(농민), 수드라(노예)라고 하여 신분을 네 계급으로 나누었으며, 그 계급 안에서도 다시 몇 개의 세부 계급이 있었다고 한다. 계급 간의 이동이나 결혼은 불가능했고, 경제 수준과 입는 옷에도 차이를 두었는데 잔인하게도 하나의 계급은 대대손손 세습되었다. 즉 어떤 계급으로 태어났느냐에 따라 한 사람의 인생이 결정되는 것이다.

용도지역도 마찬가지다. 도시지역, 관리지역, 농림지역, 자연환경 보전지역에 따라 건축행위의 용적률과 건폐율이 정해지고, 행위 가능한 업종도 구분된다. 따라서 당연히 가격도 활용성이 좋은 땅은 비싸고, 활용성이 적은 땅은 낮게 형성된다. 땅의 팔자가 처음부터 정해지는 것이다.

지목은 땅의 현재의 주요 용도를 지정한 것이다. 전, 답, 대지, 임야, 잡종지 등으로 지정하는데 전, 답, 과수원 같은 농경지나 임야보다는 대지, 잡종지, 공장용지, 창고용지 등 건축행위를 할 수 있는 땅이 비싸게 거래된다. 용도지역은 태어날 때 이미 정해진 계급처럼 개인이 어찌할 수 없는 행정관청의 관할 사항인데 반해, 지목은 지적과에 인허가를 받으면 바꿀 수가 있다.

도로는 땅에 생명을 불어넣는 요소다. 도로가 없는 땅을 '맹지'라고 하는데, 도로가 없으면 진입로가 없으므로 왕래도 힘들고 건축행위도 불가능하다. 그래서 맹지는 도로가 있는 땅 가격의 50~70% 정도 선에서 거래가 된다.

이 세 가지를 확인 할 수 있는 곳
토지이용규제정보서비스(http://luris.molit.go.kr)

땅을 거래할 때 용도지역, 지목, 도로, 이 세 가지는 반드시 고려해야 한다. 이 세 가지는 사이트 내의 토지이용계획 항목을 검색하면 무료로 조회할 수 있다.

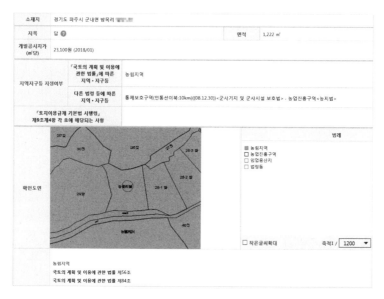

▲ 접경지역 내 토지이용계획 확인원

2

접경지역 부동산 용어 ①

용도지역

용도지역은 크게 도시지역, 관리지역, 농림지역, 자연환경보전지역 네 가지로 나뉘며, 각각 세부 지역으로 다시 나뉜다. 용도지역은 단독주택이나 다가구주택, 근린생활시설 등의 용도로 건축허가를 받을 때 기준이 된다. 그러므로 투자 시 이 부분을 꼼꼼히 살펴봐야 한다. 용도지역은 중복 지정이 안 되고 개인이 바꿀 수도 없다. 용도지역마다 어떤 특장점이 있는지 살펴보자.

도시지역

도시지역은 주거지역, 상업지역, 공업지역, 녹지지대로 나뉜다.

· **주거지역**: 편안한 삶과 건전한 생활환경을 보호하는 데 필요한

지역을 말한다. 주거지역은 다시 전용주거지역, 일반거주지역, 준주
거지역으로 세분한다.

· **상업지역**: 상업과 그 밖에 업무의 편익 증진에 필요한 지역이다.
대체로 토지가 집약적으로 이용되므로 건폐율, 용적률, 높이 등의 규
제를 다른 용도의 지역보다 완화하여 적용한다. 상업지역은 다시 중
심상업지역, 일반상업지역, 근린상업지역, 유통상업지역으로 세분
한다.

· **공업지역**: 공업의 편익 증진을 위해 필요한 지역이다. 주거지역
을 피하여 오염 피해 발생을 방지하고 공업 생산의 능률성을 높일
수 있도록 지형지세, 풍향, 수자원 및 교통시설의 접근성을 고려하
여 정한다. 공업의 생산성을 높이기 위해 공업의 성격과 규모 등에
따라 전용공업지역, 일반공업지역, 준공업지역으로 세분한다.

· **녹지지역**: 자연환경 및 경관의 보호, 희귀 및 멸종 위기 야생
동·식물의 보호, 환경오염 예방, 농경보호, 보안과 도시의 무질서
한 확산을 방지하기 위해 녹지의 보전이 필요한 지역으로 규제가 가
장 강하다. 녹지지역은 보전녹지지역, 생산녹지지역, 자연녹지지역
으로 세분한다.

관리지역

관리지역에는 보전관리지역, 생산관리지역, 계획관리지역이 있다.

· **보전관리지역**: 자연환경 보호, 산림 보호, 수질오염 방지, 녹지 공간 확보 및 생태계 보전 등을 위해서 보전이 필요하나, 주변 용도 지역과의 관계 등을 고려할 때 자연환경보전지역으로 지정해서 관리하기가 곤란한 지역을 말한다. 단, 도시계획조례가 정하는 한도 내에서 보전관리지역 내에 단독주택 및 다중주택, 다가구주택을 건축할 수 있다.

· **생산관리지역**: 농업 · 임업 · 어업 생산 등을 위하여 관리가 필요하거나 주변 용도지역과의 관계 등을 고려할 때 농림지역으로 지정하여 관리하기 곤란한 지역을 말한다. 건폐율은 20% 이하이며 용적률 80% 이하이다. 4층 이하의 단독주택, 초등학교, 운동장, 창고, 교정 및 국방 · 군사시설, 발전시설 등의 건축이 가능하다.

· **계획관리지역**: 도시지역으로 편입이 예상되는 지역이나 자연환경을 고려하여 제한적인 이용 · 개발을 하려는 지역으로 계획적이고 체계적인 관리가 필요한 지역을 말한다. 도시지역 외 지역으로 50% 이상이 계획관리지역이면 지구단위 계획구역의 지정 대상이 된다. 계획관리지역에서 건축할 수 있는 건축물의 종류는 단독주택, 제1종 근린생활시설, 제2종 근린생활시설, 의료시설, 아동복지시설, 노인복지시설 등이 있다. 단, 이 건축물은 4층 이하로 한정되며 도시계획

조례에서 따로 층수를 정할 때는 그 층수 이하의 건물로 한정된다.

농림지역

도시지역에 속하지 않는 농지법의 농업진흥지역 또는 산지관리법의
보전산지 등으로서, 농림업을 진흥시키고 산림을 보전하는 데 필요
한 지역을 말한다. 건폐율은 20% 이하이며 용적률은 50% 이상 80%
이하이다. 관할 구역의 면적과 인구 규모, 용도지역의 특성 등을 고
려하여 특별시, 광역시, 시 또는 군의 조례로 정한다.

　농림지역 안에서 건축물은 용도, 종류 및 규모 등에 제한이 따르
는데 이는 특별시·광역시·시 또는 군의 조례에서 구체적으로 정
한다. 다만 농림지역 중 농업진흥지역, 보전산지 또는 초지는 각각
농지법, 산지관리법 또는 초지법이 정한 대로 따른다.

자연환경보전지역

자연환경·수자원·해안·생태계·상수원 및 문화재의 보전과 수
산자원의 보호·육성 등을 위하여 필요한 지역을 말한다.

　자연환경보전지역 안에서 건폐율 및 용적률의 최대한도는 각각

20% 이하, 50% 이상 80% 이하 범위인데, 관할 구역의 면적과 인구 규모, 용도지역의 특성 등을 고려하여 특별시, 광역시, 시 또는 군의 조례로 정한다. 이 지역으로 지정되면 국가나 지방자치단체는 이 법 또는 관계법률에서 정하는 바에 따라 환경오염 방지, 자연환경 · 수질 · 수자원 · 해안 · 생태계 및 문화재의 보전과 수산자원의 보호 · 육성을 위하여 필요한 조사와 대책을 마련하여야 한다.

투자 측면에서 보는 용도지역의 우선순위

기왕이면 관리지역이 농림지역이나 자연환경보전지역보다는 투자 가치가 높다. 관리지역 중에서도 투자가치가 높은 것으로 보자면 계획관리지역, 생산관리지역, 보전관리지역 순이다. 개발행위가 상대적으로 쉽고, 같은 면적에 더 많은 건폐율과 용적률을 받을 수 있어서 토지활용성이 좋기 때문이다.

투자 우선순위

도시지역
관리지역
(계획관리>생산관리>보전관리)
농림지역
자연환경보전지역

건폐율과 용적률

땅은 용도에 따라 건폐율과 용적률이 달라진다. 건폐율이란 대지면적에 대한 건물 바닥면적의 비율이다. 용적률은 대지면적에 대한 건축물의 연면적 비율이다. 여기서 대지면적이란 땅의 넓이이며, 연면적이란 건축물 각 층의 바닥면적을 합한 것이다. 단, 지하는 연면적에 포함되지 않는다.

쉽게 말하자면 건폐율이 높은 곳은 건물을 빽빽하게 지을 수 있고, 용적률이 높은 곳은 건물을 높게 올릴 수 있다는 뜻이다. 건폐율은 넓게, 용적률은 높게 짓는 데 필요하다.

용도지역			건폐율		용적률	
			법 (제77조 제1항)	시행령 (제84조 제1항)	법 (제78조 제1항)	시행령 (제85조 제1항)
도시지역	주거지역	제1종전용주거지역	70% 이하	50% 이하	500% 이하	100% 이하
		제2종전용주거지역		50% 이하		150% 이하
		제1종일반주거지역		60% 이하		200% 이하
		제2종일반주거지역		60% 이하		250% 이하
		제3종일반주거지역		50% 이하		300% 이하
		준주거지역		70% 이하		500% 이하
	상업지역	중심상업지역	90% 이하	90% 이하	1,500% 이하	1,500% 이하
		일반상업지역		80% 이하		1,300% 이하
		유통상업지역		80% 이하		1,100% 이하
		근린상업지역		70% 이하		900% 이하
	공업지역	전용공업지역	70% 이하	70% 이하	400% 이하	300% 이하
		일반공업지역				350% 이하
		준공업지역				400% 이하
	녹지지역	보전녹지지역	20% 이하	20% 이하	100% 이하	80% 이하
		생산녹지지역				100% 이하
		자연녹지지역				100% 이하
관리지역		보전관리지역	40% 이하	20% 이하	100% 이하	80% 이하
		생산관리지역		20% 이하		80% 이하
		계획관리지역		40% 이하		100% 이하
농림지역			20% 이하		80% 이하	
자연환경보전지역			20% 이하		80% 이하	

3

접경지역 부동산 용어 ②

지목

지목은 토지를 사용할 목적에 따라 종류를 28개로 구분하여 표시한 것을 말한다. 토지에 세금을 부과하는 수단으로 활용되며, 토지의 성격과 용도 등이 나타나 토지 정책에 정보를 제공하는 데 이용된다. 개별 필지마다 하나의 지목을 설정하며, 만약 1필지가 둘 이상의 용도로 활용될 때는 주된 용도에 따른 지목으로 설정한다.

  지목을 바꾸어 등록하는 것을 '지목변경'이라고 하는데, 토지나 건축물의 용도가 변경된 경우, 관계 법령에 따른 토지의 형질변경 등의 공사가 준공된 경우, 도시개발사업 등의 원활한 사업추진을 위하여 사업시행자가 공사 준공 전에 토지의 합병을 신청하는 경우일 때 변경할 수 있다. 토지 소유권자가 사유가 발생한 날로부터 60일 이내에 지적소관청에 신청하면 된다. '공간정보의 구축 및 관리 등에 관한 법률' 제58조에서 정의한 지목의 구분은 다음과 같다.

지목	부호	지목	부호
전(밭)	전	철도용지	철
답(논)	답	제방	제
과수원	과	하천	천
목장용지	목	구거	구
임야	임	유지	유
광천지	광	양어장	양
염전	염	수도용지	수
대	대	공원	공
공장용지	장	체육용지	체
학교용지	학	유원지	원
주차장	차	종교용지	종
주유소용지	주	사적지	사
창고용지	창	묘지	묘
도로	도	잡종지	잡

전(田, 밭) 물을 상시적으로 이용하지 않고 곡물·원예작물(과수류 제외)·약초·뽕나무·닥나무·묘목·관상수 등의 식물을 주로 재배하는 토지와 식용을 위하여 죽순을 재배하는 토지

답(畓, 논) 물을 상시적으로 직접 이용하여 벼·연·미나리·왕골 등의 식물을 주로 재배하는 토지

과(果, 과수원) 사과 · 배 · 밤 · 호두 · 귤나무 등 과수류를 집단적으로 재배하는 토지와 이에 접속된 저장고 등 부속시설물의 부지. 다만, 주거용 건축물의 부지는 '대'로 한다.

목(牧, 목장용지) 다음 각 목의 토지. 다만, 주거용 건축물의 부지는 '대'로 한다.

가. 축산업 및 낙농업을 하기 위하여 초지를 조성한 토지

나. '축산법' 제2조 제1호의 규정에 의한 가축을 사육하는 축사 등의 부지

다. 가목 및 나목의 토지와 접속된 부속시설물의 부지

임(林, 임야) 산림 및 원야(原野)를 이루고 있는 수림지 · 죽림지 · 암석지 · 자갈땅 · 모래땅 · 습지 · 황무지 등의 토지

광(鑛, 광천지) 지하에서 온수 · 약수 · 석유류 등이 용출되는 용출구와 그 유지(維持)에 사용되는 부지. 다만, 온수 · 약수 · 석유류 등을 일정한 장소로 운송하는 송수관 · 송유관 및 저장시설의 부지는 제외

염(鹽, 염전) 바닷물을 끌어들여 소금을 채취하기 위하여 조성된 토지와 이에 접속된 제염장 등 부속시설물의 부지. 다만, 천일제염 방식으로 하지 아니하고 동력으로 바닷물을 끌어들여 소금을 제조하

는 공장시설물의 부지는 제외

대(垈, 대지) 다음 각 목의 토지

가. 영구적 건축물 중 주거 · 사무실 · 점포와 박물관 · 극장 · 미술관 등 문화시설과 이에 접속된 정원 및 부속시설물의 부지

나. '국토의 계획 및 이용에 관한 법률' 등 관계 법령에 따른 택지조성공사가 준공된 토지

장(場, 공장용지) 다음 각 목의 토지

가. 제조업을 하고 있는 공장시설물의 부지

나. '산업집적 활성화 및 공장 설립에 관한 법률' 등 관계 법령에 따른 공장부지조성공사가 준공된 토지

다. 가목 및 나목의 토지와 같은 구역에 있는 의료시설 등 부속시설물의 부지

학(學, 학교용지) 학교의 교사(校舍)와 이에 접속된 체육장 등 부속시설물의 부지

차(車, 주차장) 자동차 등의 주차에 필요한 독립적인 시설을 갖춘 부지와 주차전용 건축물 및 이에 접속된 부속시설물의 부지. 다만, 다음 각 목의 어느 하나에 해당하는 시설의 부지는 제외

가. '주차장법' 제2조 제1호 가목 및 다목에 따른 노상주차장 및 부설주차장('주차장법' 제19조 제4항에 따라 시설물의 부지 인근에 설치된 부설주차장은 제외)

나. 자동차 등의 판매 목적으로 설치된 물류장 및 야외 전시장

주(注. 주유소용지) 다음 각 목의 토지. 다만, 자동차·선박·기차 등의 제작 또는 정비공장 안에 설치된 급유·송유시설 등의 부지는 제외

가. 석유·석유제품 또는 액화석유가스 등의 판매를 위하여 일정한 설비를 갖춘 시설물의 부지

나. 저유소 및 원유저장소의 부지와 이에 접속된 부속시설물의 부지

창(倉. 창고용지) 물건 등을 보관 또는 저장하기 위하여 독립적으로 설치된 보관시설물의 부지와 이에 접속된 부속시설물의 부지

도(道. 도로) 다음 각 목의 토지. 다만, 아파트·공장 등 단일 용도의 일정한 단지 안에 설치된 통로 등은 제외

가. 일반 공중의 교통 운수를 위하여 보행 또는 차량 운행에 필요한 일정한 설비 또는 형태를 갖추어 이용되는 토지

나. '도로법' 등 관계 법령에 의하여 도로로 개설된 토지

다. 고속도로 안의 휴게소 부지

라. 2필지 이상에 진입하는 통로로 이용되는 토지

철(鐵, 철도용지) 교통 운수를 위하여 일정한 궤도 등의 설비와 형태를 갖추어 이용되는 토지와 이에 접속된 역사·차고·발전시설 및 공작창(工作廠) 등 부속시설물의 부지

제(堤, 제방) 조수·자연유수·모래·바람 등을 막기 위하여 설치된 방조제·방수제·방사제·방파제 등의 부지

천(川, 하천) 자연의 유수(流水)가 있거나 있을 것으로 예상되는 토지

구(溝, 구거) 한마디로 물이 흐르는 도랑이다. 용수(用水) 또는 배수(排水)를 위하여 일정한 형태를 갖춘 인공적인 수로·둑 및 그 부속시설물의 부지와 자연의 유수(流水)가 있거나 있을 것으로 예상되는 소규모 수로부지

유(溜, 유지) 물이 고이거나 상시적으로 물을 저장하고 있는 댐·저수지·소류지(沼溜地)·호수·연못 등의 토지와 연·왕골 등이 자생하는 배수가 잘 되지 아니하는 토지

양(養, 양어장) 육상에 인공으로 조성된 수산생물의 번식 또는 양식을 위한 시설을 갖춘 부지와 이에 접속된 부속시설물의 부지

수(水, 수도용지) 물을 정수하여 공급하기 위한 취수·저수·도수(導水)·정수·송수 및 배수시설의 부지 및 이에 접속된 부속시설물의 부지

공(公, 공원) 일반 공중의 보건·휴양 및 정서생활에 이용하기 위한 시설을 갖춘 토지로서 '국토의 계획 및 이용에 관한 법률'에 따라 공원 또는 녹지로 결정·고시된 토지

체(體, 체육용지) 국민의 건강증진 등을 위한 체육활동에 적합한 시설과 형태를 갖춘 종합운동장·실내체육관·야구장·골프장·스키장·승마장·경륜장 등 체육시설의 토지와 이에 접속된 부속시설물의 부지. 다만, 체육시설로서의 영속성과 독립성이 미흡한 정구장·골프연습장·실내수영장 및 체육도장, 유수(流水)를 이용한 요트장 및 카누장, 산림 안의 야영장 등의 토지는 제외

원(園, 유원지) 일반 공중의 위락·휴양 등에 적합한 시설물을 종합적으로 갖춘 수영장·유선장(遊船場)·낚시터·어린이놀이터·동물원·식물원·민속촌·경마장 등의 토지와 이에 접속된 부속시설물의 부지. 다만, 이들 시설과의 거리 등으로 보아 독립적인 것으로 인정되는 숙식시설 및 유기장의 부지와 하천·구거 또는 유지[공유(公有)인 것에 한정한다]로 분류되는 것은 제외

종(宗, 종교용지) 일반 공중의 종교의식을 위하여 예배·법요·설교·제사 등을 하기 위한 교회·사찰·향교 등 건축물의 부지와 이에 접속된 부속시설물의 부지

사(史, 사적지) 문화재로 지정된 역사적인 유적·고적·기념물 등을 보존하기 위하여 구획된 토지. 다만, 학교용지·공원·종교용지 등 다른 지목으로 된 토지 안에 있는 유적·고적·기념물 등을 보호하기 위하여 구획된 토지는 제외

묘(墓, 묘지) 사람의 시체나 유골이 매장된 토지. '도시공원 및 녹지 등에 관한 법률'에 따른 묘지공원으로 결정·고시된 토지 및 '장사 등에 관한 법률' 제2조 제9호에 따른 봉안시설과 이에 접속된 부속시설물의 부지. 다만, 묘지의 관리를 위한 건축물의 부지는 '대'로 한다.

잡(雜, 잡종지) 다음 각 목의 토지. 다만, 원상회복을 조건으로 돌을 캐내는 곳 또는 흙을 파내는 곳으로 허가된 토지는 제외
가. 갈대밭, 실외에 물건을 쌓아두는 곳, 돌을 캐내는 곳, 흙을 파내는 곳, 야외시장, 비행장, 공동우물
나. 영구적 건축물 중 변전소, 송신소, 수신소, 송유시설, 도축장, 자동차운전학원, 쓰레기 및 오물처리장 등의 부지
다. 다른 지목에 속하지 않는 토지

투자 측면에서 보는 지목의 우선순위

위에서 살펴보았듯이 지목은 땅의 가치와 가격을 결정하는 중요한 요인이다. 접경지역 특히 민통선과 DMZ 일대에서는 28개의 지목 중 8개, 즉 임야(임)와 전(밭), 답(논), 묘지(묘), 잡종지(잡), 대지(대), 구거 (구), 도로(도)의 어느 하나가 일반적이다.

투자 측면에서 봤을 때 평당 가격이 같다면 임야보다는 농지가, 농지보다는 대지나 잡종지가 투자가치가 좋다. 왜냐하면 건축행위를 할 때 지목이 농지나 잡종지라면 농지개발에 따로 부과되는 농지 전용부담금이나 임야개발에 부과되는 산지 전용부담금이 면제되기 때문이다. 또 대지나 잡종지는 건축허가를 얻어내기도 더 수월하고 활용도도 높다. 그래서 거래가격도 대지와 잡종지가 농지와 임야보다 높으며, 농지도 답(논)보다는 전이나 과수원이 좀 더 높게 거래된다. 임야는 통상 농지의 절반 가격이라고 보면 된다.

투자 우선순위

대지, 잡종지

농지(전, 답, 과수원)>임야

4

접경지역 부동산 용어 ③

도로

건축허가(개발허가)를 받기 위해서는 도로 즉 진입로가 있어야만 한다. 농사지을 목적으로만 땅을 매입하고자 한다면 도로의 유무보다도 토질이나 용수로 확보 등이 중요하겠지만, 건축행위를 하려면 무조건 도로와 2m 이상 접해 있어야 한다. 자동차가 필요한 건축물일 경우에는 통상 도로가 4m 이상이 되어야 지을 수 있다.

'맹지'란 이런 도로가 없는 땅을 의미하는데, 이런 곳은 건축행위가 안 되기 때문에 먼저 도로를 무조건 확보해야 한다. 예를 들어 도시지역의 건폐율 90%, 용적률 1,500%의 적용을 받는 중심상업지역의 지목인 대지라도 도로가 없다면 건축행위가 불가하므로 옆 필지와 합필을 하거나, 추가로 다른 필지의 땅을 매입하여 도로를 개설해야 한다. 그래서 맹지는 보통 도로가 있는 땅에 비해 50~60%의 저렴한 가격으로 거래된다.

건축허가가 나오는 도로의 요건

건축법상 건축허가를 받을 수 있는 도로의 요건은 다음 중 어느 하나에 해당되어야 한다.

- 도로법 또는 사도법에 의하여 개설된 도로일 것
- 건축허가권자가 허가 시 지정 공고된 도로일 것
- 사람과 차량이 통행할 수 있을 것
- 지적도(임야도)에 표시되는 지적도상 도로일 것
- 지목이 도로일 것
- 국가 또는 지자체 소유의 공로(公路)일 것
- 실제 사용 중인 현황도로일 것

맹지에 도로를 개설하는 방법

보통 개인적인 용도로 도로를 개설하는 경우를 '사도'라고 한다. 사도란 도로법의 규정을 받는 도로가 아니고, 그 도로에 연결되는 길을 의미한다. 만약 맹지에 건축허가를 받고자 한다면 사도 개설이 필요하다. 사도를 개설하거나 개축, 증축, 변경하고자 할 때는 우선 지자체의 허가를 받아야 한다. 관할 지역의 시장이나 군수, 구청장에게 사도개설 허가신청서와 관련 첨부서류를 제출하면 특별한 사유가 없는 한 7일 이내에 허가의 결과가 나온다.

> **사도개설 허가신청서에 필요한 첨부서류**
>
> ① 계획도면 1부
> ② 공사계획서 1부
> ③ 공사경비 예산명세서 1부
> ④ 설계도(평면도, 종단면도, 횡단면도, 그 밖에 주요 부분에 대한 상세도를 말한다) 1부
> ⑤ 타인의 소유에 속하는 토지를 사용하려는 경우에는 그 사용 권한을 증명하는 서류(토지의 소유자와 사용기간, 토지 사용료의 지급 여부, 사용기간 중 토지의 소유권 이전 시 사용 승계의 권한을 약정한 내용을 포함해야 한다) 1부

일반적으로 도로를 만들기 위해서는 측량과 토지분할이 필수적이기 때문에 측량사무소나 건축사무소에 관련 서류를 의뢰하여 처리하게 된다. 이렇게 개설된 사도는 지자체의 허가 없이 땅 주인 임의로 사용료를 받거나 일반인의 통행을 금지할 수 없다.

투자 측면에서 보는 도로의 우선순위

접경지역 토지는 오랫동안 개발되지 않은 상태로 남겨진 곳이 많다.

현지 농민이나 군부대의 필요에 따라 임의로 도로를 개설한 경우도 많아서 도로의 접근성을 확인하려면 지적도를 꼼꼼히 살펴봄과 동시에 현장 답사를 통해 현황도 반드시 따져봐야 한다. 새로운 도시 계획에 따라 신규도로가 개설될 가능성이 많은 지역이라고 해도 기왕이면 공부상, 현황상 아스팔트와 포장도로에 접해 있는 땅이 맹지보다는 월등히 투자가치가 높다.

투자 우선순위

2차선
아스팔트 도로
(공부상 & 현황상)

시멘트 포장로
(공부상 & 현황상)

시멘트 포장로
(공부상 or 현황상)

농로(공부상)

농로(현황상)

맹지

5

접경지역 투자가 꼭 알아야 할 법률

부동산공법

자주 접하지 않아 생소하고 어렵고 복잡하게 보일 수 있지만 모든 것이 그렇듯 핵심 뼈대와 체계를 알면 단번에 이해되는 것이 부동산 공법이다. 여기서는 그 핵심 뼈대와 접경지역 부동산에 적용될 중요한 공법만 쏙 뽑아 살펴보자.

국토계획법 - 국토의 이용 및 개발에 관한 법률

부동산 분야에서 가장 기본이 되는 헌법이다. 우리나라 땅의 기본 개발 방향과 형식을 만들어 놓았고, 다른 부동산공법들은 이를 따라야 한다. 헌법의 하위법인 민법, 형법, 상법 등이 헌법의 체계를 뛰어넘지 못하듯이 국토계획법은 다른 부동산공법에 우선 적용된다.

도시기본계획, 도시관리계획, 용도지역, 용도구역, 용도지구, 지목 등의 내용이 있으며 국토개발 설계의 기본도면이라고 할 수 있다. 최종 공포 내용은 2017년 2월 8일에 타법개정, 2018년 2월 9일부터 시행되고 있다.

도시개발법

계획적이고 체계적으로 도시를 개발하고, 쾌적한 도시 환경을 유지하는 데 필요한 사항을 규정한 법률이다. 신규로 광범위하게 특정 지역을 도시지역으로 개발할 때 주거, 상업, 산업, 유통, 정보통신, 생태, 문화, 보건 및 복지 등을 고려해야 하는데, 이때 도시민이 최대한 편리하게 살아갈 수 있도록 도시개발의 계획, 개발절차, 시행자 지정 등을 법으로 규정하는 것이다.

총칙, 도시개발 구역의 지정, 도시개발 사업의 시행, 비용 부담 등을 보칙 · 벌칙 · 부칙으로 구성하였다. 최종 공포 내용은 2017년 2월 8일에 타법개정, 2018년 2월 9일부터 시행되고 있다.

토지보상법 - 공익사업을 위한 토지 등의 취득 및 보상에 관한 법률

일명 '토지보상법'으로, 이 법은 공익사업에 필요한 토지 등을 협의 또는 수용하는 데 있어 발생하는 손실을 어떻게 보상할 것인가에 대한 사항을 규정하고 있다. 즉 공익 목적으로 도로, 관공서, 공원, 하천 등을 개발할 때 공익사업의 범위, 절차, 토지보상에 관한 내용을 법으로 규정하여 보상하는 것이다. 국가는 이를 통해 공익사업을 효율적으로 수행하여 공공복리를 증진하고, 개인의 재산권을 보호하는 것이 목적이다.

총칙, 공익사업의 준비, 협의에 따른 취득 또는 사용, 수용에 의한 취득 또는 사용, 토지수용위원회, 손실보상 등, 이의신청 등, 환매권, 벌칙, 이렇게 9장으로 나누어 전문 99조와 부칙으로 구성하였다. 2002년에 제정하여 2009년까지 12차례 개정하였으며, 시행령과 시행 규칙이 있다.

이 밖에도 여러 부동산 관련 공법들이 있는데 대개 국토계획법의 하위법으로 그 세부항목을 좀 더 세밀하게 법제화한 것이다. 국토계획법을 근간으로 땅의 지목이 전(밭), 답(논)이면 '농지법'에, 임(산)이면 '산림법'과 '산지관리법'에, 수도권 지역에 있는 땅이면 '수도권 정비법'에, 군사시설 인근에 있으면 '군사시설보호법'에, 건축행위를 하려면 '건축법'에 중복해서 규제를 받는다고 생각하면 된다.

이상의 여러 부동산공법이 개별 땅의 필지에 영향을 미치는데, 이러한 공법들은 개별 필지의 '토지 이용 계획 확인원'이란 공문서에 대부분 기재되어 있다.

토지 이용 계획 확인원을 챙기자

토지를 개발하는 것이 목적이라면 관련 법률을 면밀하게 파악해야 겠지만, 단순히 토지를 경작하거나 투자하기 위한 차원이라면 '토지 이용 계획 확인원'을 제대로 이해하는 것만으로도 충분하다. 한정된 자금으로 최대의 투자 수익을 노리기 위해 토지를 매입하고자 한다면 반드시 개별 토지의 '토지 이용 계획 확인원'을 파악하고 있어야 한다.

'토지 이용 계획 확인원'은 현재 시점의 공법상 적용을 받는 내용을 종합적으로 담고 있는 공문서다. 그래서 접경지역의 토지들은 대개 '군사시설 보호지역, 자연환경 보전지역, 농림지역'으로 기재되어 있다. 서류만 보면 접경지역은 개발이 어려운 데다가 현 상태의 보존을 강조하는 곳으로 판단, 매입해서는 안 될 땅으로 보인다. 하지만 이런 제재를 받는 토지의 제재가 풀리면 그때까지 헐값으로 거래되던 땅들이 하루아침에 금싸라기 땅으로 바뀐다. 과거에는 이러한 규제를 악용해서 고위 공직자들이 그린벨트 지역의 땅을 헐값에 산 다음 그린벨트 규제를 해제하여 차액을 챙기던 비리를 저지르기도 했다. 정보와 지식이 힘이다. 어느 곳이 어떻게 개발될지 우리나라 국토개발의 흐름을 알아야 현명한 판단을 할 수 있다.

> **기타 관련 부동산공법**
>
> - 국토기본법
> - 국토의 이용 및 개발에 관한 법률
> - 도시개발법
> - 도시 및 주거환경정비법
> - 택지개발촉진법
> - 수도권정비계획법
> - 공익사업을 위한 토지 등의 취득 및 보상에 관한 법률
> - 역세권 개발 및 이용에 관한 법률
> - 군사시설보호법
> - 농지법
> - 산림법
> - 산지관리법
> - 건축법
> - 주택법
> - 수도법
> - 하천법
> - 자연공원법
> - 자연환경보전법

6

일단 농지를 샀으면 챙기자

농지원부와 농업경영체 등록

토지를 소유 및 경작하는 사람들이 반드시 '농지원부'와 '농업경영체' 등록을 해야 하는 것은 아니다. 하지만 전·답·과수원을 경작하고 있으면 각종 세금혜택과 정부 지원 자금을 받을 수 있으며, 공공기관과 금융권에 경작 사실을 객관적으로 증빙할 수 있는 서류가 되기 때문에 농지원부와 농업경영체 등록을 하는 것이 좋다. 현재 행정관청에서 병행해서 관리하고 있지만 나중을 위해 2개의 기관에 모두 등록하자.

다만 등록사항이 중복되는 게 많은 데다가 주무관청이 달라 2개의 행정기관에서 따로따로 처리되기 때문에 번거롭다. 담당 공무원도 우왕좌왕하는 경우가 많으니 약간의 인내가 필요하다. 필자의 경험상 농지원부를 먼저 만들고, 농업경영체 등록을 하는 것이 수월했다.

농지원부와 농업경영체 등록

농지원부는 1973년부터 농지의 소유나 이용 실태를 파악하여 효율적으로 관리하기 위해 작성하는 장부인데, 너무 오래되어 사실관계를 확인하기 힘들고 전산 처리도 되어 있지 않았다. 이에 농림수산식품부는 농지원부를 없애고 이를 전산화한 '농업경영체 등록 정보'로 대체하기로 하고 농산물품질관리원에서 실무 작업을 하고 있다.

　농업경영체 등록 정보는 농가 인적 사용 실태를 파악하여 이를 효율적으로 이용 · 관리하기 위한 목적으로 시 · 구 · 읍 · 면(동)장이 작성하며, 직접 농사를 짓고 있는지를 확인하기 위한 기초 자료로 활용한다. 근거 규정은 농지법 제49조(농지원부의 작성과 비치) 및 동 법 시행령 제70조(농지원부의 작성)에 나와 있다.

어디에 신청하나?

신청인이 살고 있는 관할 주소지 시 · 구 · 읍 · 면 · 주민센터에 가서 농지원부에 등재 신청하면 된다. 신청하면 담당관이 농지가 있는 소재지 읍 · 면 · 주민센터 담당관이 농지의 실태를 파악하기 위해 현장실사를 하여 그 결과를 다시 신청인 주소지에 통보하여 농지원부 등재 여부를 결정한다.

즉 실사는 농지가 관내에 있을 때는 직접 또는 이장이나 영농회장 등을 통하여 자경 여부를 확인한다. 농지가 관외에 있을 때는 해당 농지소재지 시·구·읍·면장에게 농지의 자경 여부를 확인 의뢰하므로 신청 후 발급까지는 일정 기간이 필요하다. 농번기에 신청하는 것이 유리한데, 휴경기(작물에 따라 다르지만 대개 겨울)에 신청하면 농사짓는 현장을 확인할 수 있을 때까지 기다려야 하기 때문이다.

농업경영체 등록절차 및 방법

농업경영체 등록절차 및 방법

등록대상: 농업경영체 미등록 경영체, 창업 및 후계 경영체 등

등록절차 및 방법

① 신청서식 수령: 농관원(농산물 품질 관리원) 방문 수령 또는 농관원 홈페이지(www.naqs.go.kr)에서 신청서 출력

② 신청서 작성: 신청서식에 따라 기재 또는 이미 기재된 정보에 변동/추가내역을 기재

③ 신청서 제출: 신규 신청의 경우 주소지 관할 농관원에 제출(방문, 우편, 팩스 등)

④ 제출 후 처리: 농관원에서 '농업경영체등록확인서' 발급

농업경영체 등록절차 및 방법

등록대상

■ 농업경영체 미등록 경영체, 창업 및 후계 경영체 등

등록절차 및 방법

❶ 신청서식 수령
• 농관원 방문 수령 또는 농관원 홈페이지
(www.naqs.go.kr)에서 신청서 출력

❷ 신청서 작성
• 신청서식에 따라 기재 또는 이미 기재된 정보에
변동/추가내역을 기재

❸ 신청서 제출
• 신규 신청의 경우 주소지 관할 농관원에 제출
(방문, 우편, 팩스 등)

❹ 제출 후 처리
• 농관원에서 "농업경영체등록확인서" 발급

농지원부 혜택

① 각종 세금 감면과 면제

· 건강보험료 감면(50% - 농어촌 거주 22% 농업 증명 28%)

· 국민연금 보조 (월 최대 38,250까지 지원)

· 2년 이상 농지 보유 및 자경 시 다른 농지를 취득하고 이전등기를 할 때 취 · 등록세 50% 경감

· 국민주택 채권 매입 시 세금 면제

· 대출 시 근저당 설정의 등록세 및 채권 전부 면제

· 농지원부 보유 8년 경과 후 당해 농지 양도 시 2억까지 양도소득세 감면

· 농지보전부담금을 전액 면제(농가 주택, 축사, 관리사 등 건축 시 비용 절감)

· 개발제한구역에 농지 보유 시에도 분리과세의 대상이 됨

→ 자경이어도 근로, 사업소득이 연 3,700만 원 이상이거나 다른 사업자등록이 있으면 혜택이 줄거나 없을 수 있음

② 교육비 지원

· 5세 이하의 영유아 보육원 보조금 지원

· 고등학생 학자금 면제

· 대학생 등록금 무이자 융자 및 장학금 혜택

③ 기타

· 농협의 조합원으로 가입 가능 → 농자금 대출 가능

· 영유아가 있는 여성 농업인의 경우 일정 금액의 육아 지원금

· 농업용 유류 구매 시 면세유 혜택

· 정부 지원의 농지 보조금 수령

· 종자, 비료, 농기구 지원

· 귀농 교육 관련 증명 서류로 이용

· 농협 '농어가 목돈 마련 적금' 가입

· 농업경영체 등록의 근거 서류

농지법

제49조(농지원부의 작성과 비치)

① 시·구·읍·면의 장은 농지 소유 실태와 농지 이용 실태를 파악하여 이를 효율적으로 이용하고 관리하기 위하여 대통령령으로 정하는 바에 따라 농지원부(農地原簿)를 작성하여 갖추어 두어야 한다.

② 시·구·읍·면의 장은 제1항에 따른 농지원부를 작성·정리하거나 농지 이용 실태를 파악하는 데 필요하면 해당 농지 소유자에게 필요한 사항을 보고하게 하거나 관계 공무원에게 그 상황을 조사하게 할 수 있다.

③ 시·구·읍·면의 장은 농지원부의 내용에 변동사항이 생기면 그 변동사항을 바로 정리하여야 한다.

④ 제1항의 농지원부에 적을 사항을 전산 정보처리조직으로 처리하는 경우 그 농지원부 파일(자기디스크나 자기테이프, 그 밖에 이와 비슷한 방법으로 기록하여 보관하는 농지원부를 말한다)은 제1항에 따른 농지원부로 본다.

⑤ 농지원부의 서식·작성·관리와 전산 정보처리조직 등에 필요한 사항은 농림축산식품부령으로 정한다.

제50조(농지원부의 열람 또는 등본 등의 교부)

① 시·구·읍·면의 장은 농지원부의 열람신청 또는 등본 교부신청을 받으면 농림축산식품부령으로 정하는 바에 따라 농지원부를 열람하게 하거나 그 등본을 내주어야 한다.

② 시·구·읍·면의 장은 자경(自耕)하고 있는 농업인 또는 농업법인이 신청하면 농림축산식품부령으로 정하는 바에 따라 자경증명을 발급하여야 한다.

농지법 시행령

제70조(농지원부의 작성)

① 법 제49조 제1항에 따른 농지원부(農地原簿)는 다음 각 호의 어느 하나에 해당하는 농업인(1세대에 2인 이상의 농업인이 있는 경우에는 그 세대를 말한다)·농업법인 또는 제2항에 따른 준농업법인별로 작성한다.

1. 1천 제곱미터 이상의 농지에서 농작물을 경작하거나 다년생식물을 재배하는 자

2. 농지에 330제곱미터 이상의 고정식온실 등 농업용 시설을 설치하여 농작물을 경작하거나 다년생식물을 재배하는

② 준농업법인은 직접 농지에 농작물을 경작하거나 다년생식물을 재배하는 국가기관·지방자치단체·학교·공공단체·농업생산자단체·농업연구기관 또는 농업기자재를 생산하는 자 등으로 한다.

1. 농지원부 작성 대상

직접 경작을 하는 농업인, 농업법인 및 준농업법인

2. 농지원부 작성 대상 토지

① 1,000㎡(약 300평)이상의 농지에서 농작물을 경작하거나 다년생식물을 재배

② 농지에 330㎡(약 100평) 이상의 고정식온실 혹은 비닐하우스 버섯재배사 등 농업용시설을 설치하여 농작물을 경작하거나 다년생식물을 재배

3. 농지의 정의 (농지법 제2조)

① 전 · 답, 과수원, 그 밖에 법적 지목(地目)을 불문하고 실제로 농작물 경작지 또는 다년생식물 재배지로 이용되는 토지. 단, 초지법에 따라 조성된 초지, 전 · 답, 과수원이 아닌 토지로서 농작물 경작지 또는 다년생식물 재배지로 계속하여 이용되는 기간이 3년 미만인 토지, 임야로서 형질변경하지 아니하고 다년생식물의 재배에 이용되는 토지는 제외

② 위 토지의 개량시설과 가목의 토지에 설치하는 농축산물 생산시설로서 유지(溜池), 양 · 배수시설, 수로, 농로, 제방, 토양의 침식이나 재해로 인한 농작물의 피해 방지 위해 설치한 계단 · 흙막이 · 방풍림과 그에 준하는 시설

4. 다년생식물

1. 목초 · 종묘 · 인삼 · 약초 · 잔디 및 조림용 묘목
2. 과수 · 뽕나무 · 유실수 그 밖의 생육기간이 2년 이상인 식물
3. 조경 또는 관상용 수목과 그 묘목(조경목적으로 식재한 것을 제외)

5. 전 · 답, 과수원 등 농지지목이 아닌 토지에 대한 농지원부 작성

① 임야: 형질을 변경하여 계속해서 3년 이상 과수를 재배하고 있는 토지인 경우에는 농지법상 농지에 해당하므로 농지원부의 작성대상이나, 산지관리법 등 타법에 따라 제한을 받을 수 있음

② 대지, 구거: 경작이나 다년생식물의 재배에 주된 용도로 계속하여 3년 이상 이용된 경우에는 농지법상 농지에 해당되어 농지원부의 작성대상

③ 국유지인 하천부지 임차: 하천부지가 농지법상 농지(3년 이상 이용한 사실상 농지)에 해당하는 경우에는 농지원부의 작성대상

6. 소유에 따른 농지원부 가능 여부

① 농지원부는 자기 소유 농지뿐 아니라, 타인의 임차농지에도 가능. 단, 농지법상 농지의 개인 간 임대차는 제한적으로 허용하고 있으므로 취득시기 및 합법성 여부 반드시 확인(농지법 제23조)

② 생계를 같이하는 동거가족(세대원) 혹은 비동거가족의 소유농지

– 생계를 같이하는 비동거가족(부부, 부모자식 관계 한정)의 소유토지를 농가주가 농업경영에 이용하는 것이 확인될 경우에는 비동거가족을 비동거구성원으로 등재하고 그 소유농지를 농가주 소유농지에 등록 가능

– 생계를 같이하는 비동거가족의 범위는 동거가족(부부, 부모자식 관계에 한정)이 취학, 질병의 요양, 근무상 또는 사업상의 형편 등으로 본래의 주소에서 일시 퇴거한 경우를 말하며, 농지원부는 원칙적으로 농업인(세대)별로 작성하므로 출가하여 새로운 세대를 구성한 경우에는 농지원부를 별도로 작성

③ 2인 이상 농지를 공유하고 있는 경우

– 한 필지의 농지를 2인 이상 공동 소유하는 경우, 토지대장의 지분에 따라 실제 경작면적을 농지원부에 등록

– 한 필지에 2인 이상이 경작한 경우 필지 내 경계표시를 특정 부분에서 각각 경작하는 것이 확인되거나, 관련 자료 현지조사 등을 통해 실제 경작하는 것이 확인되는 경우 농지원부에 등재 가능

– 공동소유하고 있으나 그중 한 사람이 전체 농지를 실제 경작하는 경우에는 지분에 따라 소유농지와 임차농지로 구분하여 농지원부에 등재 가능

④ 종중소유 농지
종중대표(확인필) 및 종중회와 임대차 관계를 확인 후 처리

7

부동산을 살 때 내는 세금 ①

취득세

부동산을 취득, 보유, 처분할 때는 항상 세금을 고려해야 한다. 부동산을 어떤 방식으로 구입해서 보유하고 처분하느냐에 따라 '세금 폭탄'을 맞을 수도 있고, '절세의 마법'을 경험할 수도 있다. 접경지역에서 알맞은 투자지역을 골랐다면 이제는 세금에 대해서 자세히 살펴볼 차례다. 세금은 크게 거래세와 보유세, 양도소득세로 구분할 수 있다.

부동산을 구입할 때: 취득세, 농어촌특별세(농특세), 지방교육세(교육세)
부동산을 보유하고 있는 동안: 재산세, 종합부동산세
부동산을 팔 때: 양도소득세, 법인세

부동산을 취득할 때 부과되는 세금 - 취득세

취득세는 부동산을 취득한 날로부터 60일 이내(상속은 개시일로부터 6개월 이내)에 관할 시청, 구청, 군청에 신고·납부해야 한다. 이 기한을 넘기면 신고불성실가산세(20%) 및 납부불성실가산세(1일 1만분의 3)가 추가된다. 취득세는 부동산의 종류나 면적 등에 따라 각기 다른 세율을 적용받는다.

예를 들어 면적이 100㎡인 10억 원짜리 주택을 구입한다고 가정해 보자. 이 주택을 구입할 때 취득세로 얼마를 내야 할까? 취득세 3%에, 농특세 0.2%, 교육세 0.3%를 포함해 총 3.5%인 3,500만 원을 취득세로 납부하면 된다.

그러나 같은 가격인 10억 원짜리 빌딩을 매매로 취득할 때는 취득세 세율에 차이가 있다. 건물일 경우는 주택과 다르게 취득세 4%에, 농특세 0.2%, 교육세 0.4%를 포함해 총 4.6%인 4,600만 원을 납부해야 한다.

또 같은 주택이더라도 신축주택은 원시취득 세율인 3.16%를 적용하며, 고급주택이나 별장은 기본 세율에 8%를 합산한 세율을 적용한다. 농지를 상속받을 경우에는 일반 부동산을 상속받는 경우와 다르게 농지 상속의 규정을 적용받는다.

취득가액에 취득세율을 곱하면 취득세액이 산출되는데, 이때 취득가액은 취득자가 실제 취득할 때 지불한 금액이다. 상속이나 증여

처럼 취득가액을 알기 어려울 때는 주택은 개별(공동)주택의 공시가격으로, 토지는 개별 공시지가로, 건물(주택 제외)은 지방자치단체의 장이 결정한 가격으로 정한다.

취득세 세율(2018년 4월 기준)

구분	면적	취득세 합계	취득세	농어촌 특별세	지방교육세
6억 원 이하 주택	85㎡ 이하	1.1%	1%	비과세	0.1%
	85㎡ 초과	1.3%	1%	0.2%	0.1%
6억 원 초과 ~ 9억 원 이하 주택	85㎡ 이하	2.2%	2%	비과세	0.2%
	85㎡ 초과	2.4%	2%	0.2%	0.2%
9억 원 초과 주택	85㎡ 이하	3.3%	3%	비과세	0.3%
	85㎡ 초과	3.5%	3%	0.2%	0.3%
토지, 건물(주택 제외)		4.6%	4%	0.2%	0.4%
원시취득, 상속(농지 제외)		3.16%	2.8%	0.2%	0.16%
증여		4%	3.5%	0.2%	0.3%
농지	매매 신규	3.4%	3%	0.2%	0.2%
	매매 2년 이상 자경	1.6%	1.5%	비과세	0.1%
	상속	2.56%	2.3%	0.2%	0.06%

8

부동산을 보유하는 동안 내는 세금 ②

재산세, 종합부동산세

부동산을 취득하면 취득세를 납부해야 하는 것처럼 보유 시에도 지방세인 재산세와 국세인 종합부동산세를 납부해야 한다. 보유할 때 내는 세금이라 싸잡아 '보유세'라고도 부른다. 취득세나 양도세처럼 한 번만 납부하는 세금이 아니라 부동산을 보유하는 동안은 1년에 한 번씩 정기적으로 납입해야 한다.

재산세

재산세는 매년 6월 1일 현재를 기준으로 토지나 주택, 건축물, 선박, 항공기 등을 소유한 사람에게 부과된다. 재산세는 과세표준 금액에 따라 일정 세율을 곱해 산출된다. 과세표준은 부동산마다 조금씩 다른데 세금을 매길 때 기준이 되는 금액을 의미한다. 주택일 경우에는 공시지가의 60%이며, 주택 외 일반 건축물은 시가표준액의 70%, 나대지 같은 토지 등은 공시지가의 70%다. 재산세도 취득세처럼 각기 다른 세율을 적용받는다.

예를 들어 공시지가가 3억 원인 주택의 경우라면 얼마의 재산세를 납부해야 할까? 일반 주택이므로 과세표준은 공시지가의 60%에 해당하는 1억 8,000만 원이 된다. 과세표준이 3억 원 이하이면 세율 구간은 0.25%이므로 계산하면 총 45만 원이 나온다. 여기다 누진공제액 18만 원을 제하면 총 납부해야 할 재산세는 27만 원이다.

재산세 세율(2018년 4월 기준)

구분	과세표준	세율	누진공제액
종합합산 토지 (나대지, 잡종지 등)	6,000만 원 이하	0.1%	–
	1억 5,000만 원 이하	0.15%	3만 원
	3억 원 이하	0.25%	18만 원
	3억 원 초과	0.4%	63만 원
종합합산 토지 (나대지, 잡종지 등)	5,000만 원 이하	0.2%	–
	1억 원 이하	0.3%	5만 원
	1억 원 초과	0.5%	25만 원
별도합산 토지 (상가, 사무실, 부속토지 등)	2억 원 이하	0.2%	–
	10억 원 이하	0.3%	20만 원
	10억 원 초과	0.4%	120만 원
주택 이외 건축물	0.255%(단일 세율), 골프장/고급오락장 4%		

종합부동산세

종합부동산세도 재산세와 동일하게 매년 6월 1일 자의 부동산 소유
자가 해마다 납부한다. 현재 전국의 주택 및 토지를 유형별로 구분
하고, 다시 개인별로 합산한 결과 그 공시가격 합계액이 과세기준금
액을 초과할 경우 납부한다. 그 초과분에 대해서 과세되는 세금이다
보니 부자들만 낸다고 해서 일명 '부자세'라고도 불린다.

과세대상 및 과세기준금액(2018년 4월 기준)

유형별 과세대상	과세기준금액
주택(주택의 부속토지 포함)	주택 공시가격이 6억 원을 초과하는 경우 단, 단독명의의 1세대 1주택자인 경우 주택 공시가격이 9억 원을 초과하는 경우
종합합산 토지(나대지, 잡종지 등)	토지 공시가격이 5억 원을 초과하는 경우
별도합산 토지(상가, 사무실, 부속토지 등)	토지 공시가격이 90억 원을 초과하는 경우

종합부동산세 세율(2018년 4월 기준)

구분	과세표준	세율	누진공제액
주택 (주택의 부속토지 포함)	6억 원 이하	0.5%	–
	6억 원 초과~12억 원 이하	0.75%	150만 원
	12억 원 초과~50억 원 이하	1%	450만 원
	50억 원 초과~94억 원 이하	1.5%	2,950만 원
	94억 원 초과	2%	7,650만 원
종합합산 토지 (나대지, 잡종지 등)	15억 원 이하	0.75%	–
	15억 원 초과~45억 원 이하	1.5%	1,125만 원
	45억 원 초과	2%	3,375만 원
별도합산 토지 (상가, 사무실, 부속토지 등)	200억 원 이하	0.5%	–
	200억 원 초과~400억 원 이하	0.6%	2,000만 원
	400억 원 초과	0.7%	6,000만 원

9

부동산을
팔 때 내는
세금 ③

양도소득세

어떤 투자가 성공적인 투자였는지는 양도소득세를 보면 된다. 양도소득세가 세금에서 가장 많은 부분을 차지하기 때문에 양도소득세를 납부한 후에야 최종 수익률을 알 수 있다. 많은 사람이 세후 수익을 고려하지 않고 무조건 얼마가 올라서 얼마에 매도했다는 식으로 매도가격 중심으로 바라보는데 이렇게 하면 빛 좋은 개살구일 뿐이다.

처음부터 세금체계를 고려하여 토지를 매수하는 것은 필수다. 문제는 취득세나 재산세에 비해 절세 방법이 복잡한 데다가 법에서 정한 비과세나 장기보유특별공제 같은 혜택도 다양해서 케이스 별로 쉽게 파악하기가 힘들다는 점이다. 그래도 양도소득세 계산방식만큼은 제대로 알아야 한다. 최대한 쉽게 진행하니 정신 바짝 차리고 여러 번 읽어보면 감이 올 것이다.

가장 기본적인 양도소득세 계산 방법

다음은 양도소득세 납부액을 구하기 위해서 양도차액부터 과세표준, 산출세액 등 전 과정을 식으로 정리한 것이다. 순서대로 계산하면 내가 납부해야 할 양도소득세를 구할 수 있다. 사례를 통해 실제로 계산해보면 생각보다 어렵지 않을 것이다. 단 이 사례는 가장 기본적인 양도소득세 계산 방법이다. 앞으로 배울 테지만 이외에도 주택이냐 토지냐, 보유 기간이 얼마이냐에 따라 여러 가지 변수가 있다. 일단 변수는 제쳐두고 가장 기본이 되는 것에서 시작해보자.

양도소득세 계산 방법

① 양도가액 - 취득가액 - 필요경비 = 양도차익
② 양도차익 - 장기보유특별공제 = 양도소득금액
③ 양도소득금액 - 기본공제(250만 원) = 과세표준
④ 과세표준 × 세율 - 누진공제액 = 산출세액
⑤ 산출세액 + 지방소득세(산출세액의 10%) = 최종 납부할 양도소득세액

예) A 씨는 3억 원에 구입한 주택(1주택자, 비투기지역)을 2년이 지난 지금 3억 3,000만 원에 매도했다. 구입 당시 들어간 부대비용은 1,000만 원이다. 이 경우 양도소득세는 얼마일까?

① 양도차익 구하기: 3억 3,000만 원-3억 원-1,000만 원=2,000만 원

계산에 앞서 용어를 잠시 살펴보자. 양도가액이란 부동산을 다른

사람에게 판 실거래 금액으로 여기서는 3억 3,000만 원에 해당된다. 취득가액이란 그 부동산을 다른 사람에게 구입했을 당시의 실거래 금액으로 3억 원이다. 필요경비는 해당 부동산을 매매할 때 발생했던 비용으로 부동산 중개수수료나 취득세 등이다. 첫 번째 식에 의하면 양도차익은 2,000만 원이 나온다.

② 양도소득금액 구하기: 2,000만 원-장기보유특별공제 해당사항 없음=2,000만 원

다음으로 양도소득금액을 계산하기 위해서는 장기보유특별공제에 대해 알아야 한다. 장기보유특별공제란 해당 부동산을 3년 이상 보유하면 나라에서 특별히 공제해주는 것으로, 보유 기간에 따라 토지, 건물, 다주택자는 10~30%, 1세대 1주택자는 10~80%까지 공제액이 달라진다. 그러나 이 사례의 경우에는 보유 기간이 3년이 되지 않기 때문에 양도차익은 위와 같다.

③ 과세표준 구하기: 2,000만 원-250만 원=1,750만 원

양도소득금액에서 기본공제 금액을 차감하면 과세표준이 나온다. 이때 기본공제 금액은 1인당 연간 250만 원이 한도다.

④ 산출세액 구하기: 1,750만 원×15%-108만 원=154만 5,000원

산출세액은 과세표준에 따라 세율이 다르다. 만약 2년 이상 부동

산을 보유한 상태라면 과세표준 금액에 따라 6~42%의 세율을 적용받게 된다. A 씨의 경우에는 15%의 세율을 적용받았으니 누진공제액은 108만 원에 해당한다.

⑤ 최종 납부할 양도소득세액 구하기: 154만 5,000원+15만 4,500원 =169만 9,500원

산출세액이 끝이 아니다. 여기에 지방소득세 10%를 합산해야 납부할 양도소득세가 나온다. 최종적으로 A 씨는 총 169만 9,500원을 양도소득세로 납부하면 된다.

변수 1. 주택 가격, 보유 기간, 보유 주택 수

이제 변수를 다룰 차례다. 앞으로 자세히 배우니 여기서는 기본 세율만 정리한다. 지금은 봐도 모를 테니 쓱 보고 지나갔다가 나중에 참고하자.

정부는 양도소득세와 관련하여 기준을 점점 강화해가는 실정이다. 2018년 4월 1일 이후부터는 과세표준 5억 원이 초과하는 주택에 대해서는 42%의 세율을 적용하고 있다. 또한 조정지역(투기지역) 주택에 대해서도 기준을 강화해 2주택일 때는 10%, 3주택일 경우는 20%의 추가 세율을 적용한다(2018년 4월 1일부터 적용).

주택 양도소득세 세율(2018년 4월 기준)

구분		일반지역		조정지역(투기지역) 내 2, 3주택(2018년 4월 1일 이후)		
내용	과세표준	세율	누진 공제액	세율 (2주택)	세율 (3주택)	누진 공제액
1년 미만 보유		40%				
1년 이상 보유	1,200만 원 이하	6%	0원	16%	26%	0원
	1,200만 원 초과 ~4,600만 원 이하	15%	108만 원	25%	35%	(−)108만 원
	4,600만 원 초과 ~8,800만 원 이하	24%	522만 원	34%	44%	(−)522만 원
	8,800만 원 초과 ~1억 5,000만 원 이하	35%	1,490만 원	45%	55%	(−)1,490만 원
	1억 5,000만 원 초과 ~3억 원 이하	38%	1,940만 원	48%	58%	(−)1,940만 원
	3억 원 초과 ~5억 원 이하	40%	2,540만 원	50%	60%	(−)2,540만 원
	5억 원 초과	42%	3,540만 원	52%	62%	(−)3,540만 원

토지 양도소득세율(2018년4월1일 기준)

보유기간	양도소득 과세표준	사업용토지	비사업용토지	누진공제액
1년 미만	단일세율	50%	50%	0원
1년이상 ~2년미만	단일세율	40%	40%	0원
2년이상	1,200만원 이하	6%	16%	0원
	4,600만원 이하	15%	25%	(−)108만 원
	8,800만원 이하	24%	34%	(−)522만 원
	1억5천만원 이하	35%	45%	(−)1,490만 원
	3억원 이하	38%	48%	(−)1,940만 원
	5억원 이하	40%	50%	(−)2,540만 원
	5억원 초과	42%	52%	(−)3,540만 원

변수 2. 사업용 토지와 비사업용 토지

2016년 1월 1일 이후 양도하는 토지 중 일정 기간 동안 직접 사업에 사용하지 않은 특정 토지(전답, 임야, 목장용지, 나대지)를 비사업용 토지라고 해서 10%의 추가 세율을 적용받도록 세법이 개정되었다. 즉 사업용 토지는 토지의 본래 목적으로 구입한 토지라서 일반 세율을 적용하지만, 비사업용 토지는 투기 목적으로 구입했다고 전제하여 투기 소득에 대해 세금으로 환수하고자 만든 개념이라고 보면 된다.

2005년 법 개정 이후 과세저항을 감안하여 비사업용 토지에 대한 과세 시행을 계속 유예했으나 2017년 이후부터는 본격 시행되었기 때문에 비사업용 토지로 분류되면 생각보다 많은 세금을 낼 수도 있다. '앞에서 벌고 뒤에서 밑지는 일'이 생기지 않도록 미리 대비를 잘해야 한다. 비사업용 토지도 3년 이상 보유하면 기간에 따라 10~30%의 장기보유특별공제를 받을 수 있는데 2017년 법 개정을 통해 취득일부터 보유 기간을 계산하는 것으로 바뀌었다.

비사업용 토지 양도소득세율 = 사업용 토지세율 + 10%

과세표준	세율	누진공제액
1,200만 원 이하	16%	0원
1,200만 원 초과~4,600만 원 이하	25%	(−)108만 원
4,600만 원 초과~8,800만 원 이하	34%	(−)522만 원
8,800만 원 초과~1억 5,000만 원 이하	45%	(−)1,490만 원
1억 5,000만 원 초과~3억 원 이하	48%	(−)1,940만 원
3억 원 초과~5억 원 이하	50%	(−)2,540만 원
5억 원 초과	52%	(−)3,540만 원

보유 기간	장기보유특별공제율
3년 이상~4년 미만	10%
4년 이상~5년 미만	12%
5년 이상~6년 미만	15%
6년 이상~7년 미만	18%
7년 이상~8년 미만	21%
8년 이상~9년 미만	24%
9년 이상~10년 미만	27%
10년 이상	30%

비사업용 토지의 요건

1. 기간조건

· 양도일 직전 3년 중 2년 이상을 직접 사업에 사용하지 않은 토지

· 양도일 직전 5년 중 3년 이상을 직접 사업에 사용하지 않은 토지

· 위 사항 이외의 토지는 보유 기간 중 60% 이상을 직접 사업에 사용하지 않은 토지

2. 대상토지

농지(전 · 답 · 과수원)

· 시 이상 주거/상업/공업지역에 소재하거나 그 외의 지역의 농지이지만 재촌(재촌 거리 30Km 이내)과 자경을 동시에 충족하지 못하는 농지

· 주말 체험 영농소유농지는 비사업용농지에서 제외

임야

· 재촌하지 않거나 영림계획 인가를 받아 사업 중인 임야 혹은 특수개발지역 임야가 아닌 임야

목장용지

· 시 이상 주거/상업/공업지역에 소재하거나 그 외 지역에 소재하지만 축산업을 영위하는 목장용지로서 기준 면적 초과의 토지

비사업용 나대지

· 재산세 종합합산과세대상 토지로 건축물이 없는 나대지, 잡종지 등의 토지
· 다만, 다만 사업에 사용하는 다음의 토지는 제외. 운동장/경기장 등 체육시설용 토지, 개발사업시행자가 조성한 토지, 휴양시설용/주차장용/청소년수련시설용/예비군 훈련장용 토지 등

단, 다음의 토지는 재촌 혹은 자경요건을 충족하지 않아도 10% 추가 과세에서 제외
· 주말/체험영농 소유 농지(세대당 1,000㎡ 이내)
· 종자생산자, 농업기자재 생산자 소유농지

- 상속농지(상속일로부터 5년 이내 양도 시)
- 이농농지(이농일로부터 5년 이내 양도 시)
- 공유수면매립법에 의해 취득한 매립농지
- 농지전용허가를 받거나 농지전용신고를 하거나 농지전용협의를 완료한 농지로서 전용목적으로 사용하는 경우
- 토지수용, 공익사업, 개발사업과 관련하여 농지를 취득하여 당 사업에 사용하는 경우
- 종중소유농지(2005년 12월 31일 이전에 취득분에 한함)
- 농지은행에 8년 이상 임대 위탁한 농지
- 사찰림, 동유림, 보안림, 산림보호림, 채종림, 시험림, 산림보호구역의 임야
- 자연공원법 적용을 받는 임야
- 문화재보호구역 안의 임야
- 개발제한구역 안의 임야
- 군사기지 및 군사시설 보호법안의 임야
- 접도구역, 철도보호지구, 홍수관리구역, 상수원보호구역 안의 임야
- 사업에 사용하지 못하는 부득이한 사유가 있는 경우 일정 조건에 해당되는 토지

10 **절세 방법 ①**

사업용 토지와
비사업용 토지의
차이

앞에서 양도소득세에 대해 여러 가지 표를 통해 자세히 정리했지만 아직은 표는 표일 뿐 머리만 아플 것이다. 실제 사례를 통해 이해하는 게 빠르다. 지금부터는 대표적인 변수 3가지가 적용된 양도소득세 계산 방법을 설명할 텐데 내 현실에 맞는 절세방식을 찾는 것이 핵심이다.

먼저 사업용 토지와 비사업용 토지의 차이다. 별것 아닌 것 같아 신경 쓰지 않고 있다가 나중에 양도소득세를 납부할 때 비사업용 토지로 인정되어 세금 폭탄을 맞으면 정말 억울하니 그 차이를 정확히 알고 미리 대비하자.

예) 2013년 5월 20일, 접경지역의 농지 1,000평을 1억 원에 매입했다. 취득세 3.4% 340만 원, 부동산비 160만 원이 들었다. 5년 후인 2018년 6월 30일, 해당 부동산을 2억 원에 매각했다. 기타비용은 없다.

사업용 토지로 인정될 경우

만약 위 토지를 매수자가 ① 농지소재지에 거주하면서 3년 중 2년
이상, 혹은 5년 중 3년 이상 직접 경작했거나 ② 본인이 재촌자경하
지 않았지만 8년 이상 농지은행에 위탁계약을 체결했다면 어떻게 될
까? 이 토지는 사업용 토지로 인정받아 6~42%의 구간별 양도소득
세와 장기보유특별공제까지 받을 수 있다.

사업용 토지일 경우

매입내역	2013년 5월 20일 매입가 1억 원, 복비 160만 원, 취득세 340만 원 지불, 기타비용 없음	
매도내역	2018년 6월 30일 5년 이상 보유하고 2억 원에 매도함, 기타비용 없음	
양도가액	200,000,000	= 양도 당시의 실거래가액
취득가	105,000,000	= 매입가 1억 원 + 취득세 3.4% 340만 원+ 복비 160만 원
필요경비	0	= 기타 필요경비 없는 것으로 가정
양도차익	95,000,000	= 양도가액 - 취득가액 - 필요경비
장기보유 특별공제	14,250,000	= 양도차익 * 15%, 5년 보유했기 때문에 15% 공제적용
양도소득 금액	80,750,000	= 양도차익 - 장기보유특별공제
양도소득 기본공제	2,500,000	= 250만 원, 1인당 1년에 250만 원 공제함
양도소득 과세표준	78,250,000	= 양도소득금액 - 양도소득기본공제 250만 원
산출세액	13,560,000	= 과세표준 7,825만 원 * 24% - 누진공제액 522만 원
납부할 세액 (국세)	13,560,000	= 산출세액 - (세액공제+감면세액), 세액공제&감면세액이 0원
(지방세)	1,356,000	= 국세의 10%
실 양도소득액	80,084,000	= 매도가격 2억 원 - (취득가+필요경비+기타경비+양도소득세(국세&지방세))
수익률(%)	76.27	= 실양도소득액 / 총투자금액 1억 5백만 원 * 100%

매입내역	2013년 5월 20일 매입가 1억 원, 복비 160만 원, 취득세 340만 원 지불, 기타비용 없음
매도내역	2018년 6월 30일 5년 이상 보유하고 2억 원에 매도함, 기타비용 없음
양도가액	200,000,000	= 양도 당시의 실거래가액
취득가	105,000,000	= 매입가 1억 원 + 취득세 3.4% 340만 원 + 복비 160만 원
필요경비	0	= 기타 필요경비 없는 것으로 가정
양도차익	95,000,000	= 양도가액 − 취득가액 − 필요경비
장기보유 특별공제	14,250,000	= 양도차익 * 15%, 5년 보유했기 때문에 15% 공제적용
양도소득 금액	80,750,000	= 양도차익 − 장기보유특별공제
양도소득 기본공제	2,500,000	= 250만 원, 1인당 1년에 250만 원 공제함
양도소득 과세표준	78,250,000	= 양도소득금액 − 양도소득기본공제 250만 원
산출세액	21,385,000	= 과세표준 7,825만 원 * 34% − 누진공제액 522만 원
납부할 세액 (국세)	21,385,000	= 산출세액 − (세액공제+감면세액), 세액공제&감면 세액이 0원
(지방세)	2,138,500	= 국세의 10%
실 양도소득액	71,476,500	= 매도가격 2억 원 − {취득가+필요경비+기타경비+양도소득세(국세&지방세)}
수익률(%)	68.07	= 실양도소득액 / 총투자금액 1억 5백만 원 * 100%

11 절세 방법 ②

토지 지목이 농지일 때와 임야일 때의 차이

접경지역 땅 투자에 대해 공부한 사람은 가능하면 농지보다는 지목이 임야, 잡종지, 대지인 곳을 찾게 된다. 접경지역은 대부분이 군사보호구역이므로 어차피 농지든 임야든 제약사항이 있어 당장 건축 및 개발행위를 할 수는 없다. 미래를 내다보고 투자하는 것이라면 전, 답, 과수원보다는 세제 혜택이 있는 임야, 잡종지, 대지를 매수하는 것이 좋은 방법이다.

　다음 사례를 보면 비슷한 금액을 비슷한 지역에 투자했더라도 접경지역인 경우 지목이 농지나 임야, 잡종지, 대지인가에 따라 최종 수익률에서 차이가 크다는 것을 알 수 있다. 더구나 매도가격이 폭등하여 양도차익이 크면 클수록 누진세 적용을 많이 받기 때문에 사업용 토지와 비사업용 토지의 실제 양도소득액과 수익률은 차이가 크게 날 수밖에 없다.

공익 목적으로 토지의 사용을 제한하는 군사보호구역, 개발제한
구역 등의 임야는 시세보다 저렴하게 거래되는 것이 보통이므로, 나
라에서 사적 재산권 침해에 대한 보상 차원에서 토지주에게 사업용
토지로 인정받도록 세금혜택을 준 것이다.

무조건 사업용 토지로 인정하는 임야

- 사찰림, 동유림, 보안림, 산림보호림, 채종림, 시험림, 산림보호구역의 임야
- 자연공원법 적용을 받는 임야
- 문화재보호구역 안의 임야
- 개발제한구역 안의 임야
- 군사기지 및 군사시설 보호법안의 임야
- 접도구역, 철도보호지구, 홍수관리구역, 상수원보호구역 안의 임야

A. 농지 매입: 2013년 5월 20일 접경지역 파주의 농지 1,000평을
1억 원에 매입함

매입가: 1억 원, 취득세 3.4% 340만 원, 복비 160만 원

매수자: 서울 거주, 회사원, 농지은행에 위탁경영 맡김

매도: 2018년 6월 30일 2억 원에 매각함

매도가: 2억 원, 기타비용 없음

장기보유특별공제는 5~6년 구간, 공제액 15% 적용받음

▶ 비사업용 토지(재촌자경 ×, 위탁경영 기간이 8년 미만)

B. 임야 매입: 2013년 5월 20일 군사통제보호구역 파주의 임야 2,000평을 1억 원에 매입함

매입가: 1억 원, 임야 취득세 4.6% 460만 원, 복비 160만 원

매수자: 서울 거주, 회사원

매도: 2018년 6월 30일 2억 원에 매각함

매도가: 2억 원, 기타비용 없음

장기보유특별공제는 5~6년 구간, 공제액 15% 적용받음

▶ 사업용 토지(재촌자경 여부 묻지 않고, 군사시설보호지역이므로 사업용 토지로 인정)

A. 농지 - 비사업용 토지로 인정될 경우

이 농지는 비사업용 토지다. 재촌자경을 하지 않았고, 위탁경영 기간이 8년 미만이기 때문이다. 일반 농지의 경우 사업용 토지로 인정받으려면 재촌자경을 하면서 경작기간 요건을 충족하거나 농지은행에 8년 이상 위탁해야 하기 때문에 현실적으로 요건을 충족하기가 쉽지 않다.

매입내역	2013년 5월 20일 매입가 1억 원, 복비 160만 원, 취득세 340만 원 지불, 기타비용 없음
매도내역	2018년 6월 30일 5년 이상 보유하고 2억 원에 매도함, 기타비용 없음
양도가액	**200,000,000**	= 양도 당시의 실거래가액
취득가	**105,000,000**	= 매입가 1억 원 + 취득세 3.4% 340만 원 + 복비 160만 원
필요경비	0	= 기타 필요경비 없는 것으로 가정
양도차익	95,000,000	= 양도가액 - 취득가액 - 필요경비
장기보유 특별공제	14,250,000	= 양도차익 * 15%, 5년 보유했기 때문에 15% 공제적용
양도소득 금액	80,750,000	= 양도차익 - 장기보유특별공제
양도소득 기본공제	2,500,000	= 250만 원, 1인당 1년에 250만 원 공제함
양도소득 과세표준	78,250,000	= 양도소득금액 - 양도소득기본공제 250만 원
산출세액	21,385,000	= 과세표준 7,825만 원 * 34% - 누진공제액 522만 원(비사업용 토지 세율 적용)
납부할 세액 (국세)	**21,385,000**	= 산출세액 - (세액공제+감면세액), 세액공제&감면세액이 0원
(지방세)	**2,138,500**	= 국세의 10%
실 양도소득액	71,476,500	= 매도가격 2억 원 - {취득가+필요경비+기타경비+양도소득세(국세&지방세)}
수익률(%)	68.07	= 실양도소득액 / 총투자금액 1억 5백만 원 * 100%

B. 임야 - 사업용 토지로 인정될 경우

이 토지는 사업용 토지로 인정된다. 군사시설보호지역이라 재촌자경 여부도 묻지 않는다. 접경지역의 임야는 대부분 군사시설보호구역 안에 들어가는 통제보호구역, 제한보호구역이므로 사업용 토지로 의제된다. 따라서 재촌이나 자경을 할 필요가 전혀 없고, 농지은행에 위탁경영을 할 필요도 없다. 그냥 가만히 내버려둬도 사업용 토지로 인정받을 수 있으니 세금 면에서 상당히 유리하다.

매입내역	2013년 5월 20일 매입가 1억 원, 복비 160만 원, 취득세 460만 원 지불, 기타비용 없음	
매도내역	2018년 6월 30일 5년 이상 보유하고 2억 원에 매도함, 기타비용 없음	
양도가액	200,000,000	= 양도 당시의 실거래가액
취득가	106,200,000	= 매입가 1억 원 + 취득세 4.6% 460만 원 + 복비 160만 원
필요경비	0	= 기타 필요경비 없는 것으로 가정
양도차익	93,800,000	= 양도가액 − 취득가액 − 필요경비
장기보유 특별공제	14,070,000	= 양도차익 * 15%, 5년 보유했기 때문에 15% 공제적용
양도소득 금액	79,730,000	= 양도차익 − 장기보유특별공제
양도소득 기본공제	2,500,000	= 250만 원, 1인당 1년에 250만 원 공제함
양도소득 과세표준	77,230,000	= 양도소득금액 − 양도소득기본공제 250만 원
산출세액	13,315,200	= 과세표준 7,723만 원 * 24% − 누진공제액 522만 원〈사업용 토지 세율 적용〉
납부할 세액 (국세)	13,315,200	= 산출세액 − (세액공제+감면세액), 세액공제&감면세액이 0원
(지방세)	1,331,520	= 국세의 10%
실 양도소득액	79,153,280	= 매도가격 2억 원 − {취득가+필요경비+기타경비+양도소득세(국세&지방세)}
수익률(%)	74.53	=실양도소득액 / 총투자금액 1억 6백 2십만 원 * 100%

12 **절세 방법 ③**

1人 단독명의와
2人 공동명의
차이

똑같은 필지를 1인 명의로 할 때와 2인 명의로 등기할 때는 양도소득금액과 수익률 면에서 차이가 엄청나다. 만약 부부가 토지를 매수할 때 1인 단독명의가 아닌 2인 공동명의로 한다면 1인당 250만 원씩 2명이면 500만 원을 기본공제받을 수 있고, 양도차익도 1인에 비해 2인 명의로 등기하면 약 1/2로 줄기 때문에 낮은 양도소득세율을 적용받아 힘 안 들이고 절세할 수 있는 것이다. 특히나 나중에 가격이 폭등하여 매도가격이 높을수록 원금대비 양도소득금액과 수익률의 차이가 심하기 때문에 절세만 따진다면 가능한 한 명의자를 많이 하는 것이 무조건 유리하다.

A. 1인 명의: 2013년 5월 20일 군사시설보호구역 파주의 농지 1,000평을 1억 원에 매입함

매입가: 1억 원, 취득세 3.4% 340만 원, 복비 160만 원

매수자: 서울 거주, 회사원, 농지은행에 위탁경영 맡김, 1人 단독명의

매도: 2018년 6월 30일 3억 원에 매각함

매도가: 3억 원, 기타비용 없음

장기보유특별공제는 5~6년 구간, 공제액 15% 적용받음

▶ 비사업용 토지(재촌자경 ×, 위탁경영기간이 8년 미만)

B. 2인 명의: 2013년 5월 20일 접경지역 파주의 농지 1,000평을 1억 원에 매입함

매입가: 1억 원, 취득세 3.4% 340만 원, 복비 160만 원

매수자: 서울 거주, 회사원, 농지은행에 위탁경영 맡김,

부부 2人 공동명의

매도: 2018년 6월 30일 3억 원에 매각함

매도가: 3억 원, 기타비용 없음

장기보유특별공제는 5~6년 구간, 공제액 15% 적용받음

▶ 비사업용 토지(재촌자경 ×, 위탁경영기간이 8년 미만)

A. 1인 명의

매입내역	2013년 5월 20일 매입가 1억 원, 복비 160만 원, 취득세 340만 원 지불, 기타비용 없음
매도내역	2018년 6월 30일 5년 이상 보유하고 3억 원에 매도함, 기타비용 없음
양도가액	300,000,000	= 양도 당시의 실거래가액
취득가	105,000,000	= 매입가 1억 원 + 취득세 3.4% 340만 원 + 복비 160만 원
필요경비	0	= 기타 필요경비 없는 것으로 가정
양도차익	195,000,000	= 양도가액 − 취득가액 − 필요경비
장기보유 특별공제	29,250,000	= 양도차익 * 15% , 5년 보유했기 때문에 15% 공제적용
양도소득 금액	165,750,000	= 양도차익 − 장기보유특별공제
양도소득 기본공제	2,500,000	= 250만 원, 1인당 1년에 250만 원 공제함
양도소득 과세표준	163,250,000	= 양도소득금액 − 양도소득기본공제 250만 원
산출세액	58,960,000	= 과세표준 * 48% − 누진공제액 1,940만 원
납부할 세액 (국세)	58,960,000	= 산출세액 − (세액공제+감면세액), 세액공제&감면세액이 0원
(지방세)	5,896,000	= 국세의 10%
실 양도소득액	130,144,000	= 매도가격 3억 원 − {취득가+필요경비+기타경비+양도소득세(국세&지방세)}
수익률(%)	123.94	= 실양도소득세액 / 총투자자금 1억 5백만 원 * 100%

매입내역	2013년 5월 20일 매입가 1억 원, 복비 160만 원, 취득세 340만 원 지불, 기타비용 없음	
매도내역	2018년 6월 30일 5년 이상 보유하고 3억 원에 매도함, 기타비용 없음	
양도가액	300,000,000	= 양도 당시의 실거래가액(공동명의)
1인당 양도가액	150,000,000	= 양도 당시의 실거래가액 3억 원 / 2
1인당 취득가	52,500,000	= (매입가 1억 원 + 취득세 3.4% 340만 원 + 복비 160만 원) / 2
필요경비	0	= 기타 필요경비 없는 것으로 가정
1인당 양도차익	97,500,000	= (양도가액 – 취득가액 –필요경비) / 2
1인 장기보유 특별공제	14,625,000	= 1인 양도차익 * 15%, 5년 보유했기 때문에 15% 공제적용
1인 양도소득금액	82,875,000	= 1인 양도차익 – 장기보유특별공제
1인 양도소득 기본공제	2,500,000	= 250만 원, 1인당 1년에 250만 원 공제함
1인 양도소득 과세표준	80,375,000	= 1인당 양도소득금액 – 1인당 양도소득기본공제 250만 원
1인 산출세액	22,107,500	= 과세표준 * 25% – 누진공제액 108만 원
1인 납부할 세액 (국세)	22,107,500	= 산출세액 – (세액공제+감면세액), 세액공제&감면세액이 0원
(지방세)	2,210,750	= 국세의 10%
1인당 실양도소득액	73,181,750	= 1인당 매도가격 1.5억 원 – {취득가+필요경비 +기타경비+양도소득세(국세&지방세)}
1인당 수익률 (%)	139.39	= 1인당 실 양도소득액 / 1인 총투자금액 * 100%
합산 실양도소득액	146,363,500	= 1인당 실양도소득액 * 2
합산 수익률 (%)	139.39	= 합산 실양도소득액/총투자금액 1억 5백만 원 * 100%

13 합법적으로 세금을 아끼는 법, 총정리!

투자 목적으로 혹은 주말농장 등 경작 목적으로 접경지역의 땅을 살 때 반드시 고려해야 할 점이 '세금'이다. 접경지역 땅은 로또처럼 하루아침에 '노다지'가 될 가능성이 있어서 많은 시세차익을 기대할 수 있지만, 매도 후 미처 생각지 못한 세금(양도소득세) 때문에 오히려 난감한 상황에 빠지는 일도 있다. 그러므로 합법적으로 절세할 수 있는 방법을 알아두어야 한다. '세후 양도소득액 절세'와 '수익률 극대화'라는 목표로 다음 3단계를 종합적으로 고려해야 한다.

1단계. 부동산을 취득할 때

1. 부동산 명의자를 공동명의로 한다. 양도세는 1가구나 1세대를 기

준으로 계산하는 것이 아니라 개인별로 계산한다. 따라서 명의자가 많을수록 1인당 양도소득금액이 작아지고 개인별 기본공제 250만 원을 적용받아 세금을 아낄 수 있다.

2. 농지보다는 임야, 잡종지, 대지를 매입한다.

농지(전, 답, 임야)의 경우 재촌자경하고 농업 외 소득이 연 3,700만 원을 넘지 않아야 사업용 토지로 인정받는다. 비사업용 토지는 10%의 양도소득세를 추가 부담해야 하며, 8년 이상 경작하면 양도세를 감면받을 수 있다. 하지만 일반 투자자가 위 조건을 충족하기는 상당히 어렵다. 결국 비사업용 토지로 분류되어 구간별 양도소득세 6~42%에다가 추가로 10%를 더 부담할 수밖에 없다. 세금이 많아질수록 시세차익이 적어지는 것이다.

민통선 지역의 임야는 무조건 군사시설보호지역(통제보호구역 또는 제한보호구역)에 해당되므로 사업용 토지로 인정받아 10%의 추가 부담이 없다. 잡종지와 대지 또한 특별한 사유가 아니라면 사업용 토지로 인정받기 때문에 일반세율을 적용받아 세금을 아낄 수 있다. 여기서 특이한 점은 DMZ 안에 있는 농지는 재산세 면제를 받을 수 있고, 소득세법에 따라 재촌자경 유무를 따지지 않은 채 사업용 토지로 인정, 낮은 세율을 적용한다는 것이다.

2단계. 부동산을 보유하는 동안

1. 중개수수료, 법무사수수료, 취득세, 토지개발비 등 영수증과 세금계산서를 보관한다. 나중에 부동산을 매각하여 양도소득세를 계산할 때 위 항목은 필요경비로 인정을 받을 수 있으므로 잘 보관해야 한다.

2. 1,000㎡ 이하 농지를 구입했다면 330㎡ 이상의 비닐하우스를 운영하며 농지원부(농업경영체등록)에 등록하거나 주말농장 형식으로 직접 경작한다. 1,000㎡ 이상이거나 투자 목적으로 구입한 경우라면 농지은행에 8년을 위탁하자. 사업용 토지로 인정받아 6~42%의 일반세율을 적용받을 수 있다.

3. 장기 보유를 전제로 매입한다. 장기보유특별공제를 받기 위해서는 최소 3년 이상 보유해야 한다. 사업용 토지는 1년 이하 보유하면 양도세율 50%, 1~2년 보유하면 40%, 2년 이상 보유하면 6~42%, 비사업용이면 2년 이상 보유 시 10% 추가과세로 인해 16~52% 구간별 세율을 적용받는다. 여기에 3년 이상 토지를 보유하면 최소 10%, 10년 이상이면 최대 30%까지 장기보유특별공제를 받을 수 있다.

예전에는 사업용 토지만 공제를 받을 수 있었으나 현재는 사업용, 비사업용 구분 없이 공제받을 수 있기 때문에 장기 보유하면 30%까지 가능하다. 세금 부문만 고려한다면 10년 이상 장기 보유하는 것이 무조건 유리하다.

3단계. 부동산을 처분할 때

잔금기간을 최대 보유 연수로 맞춰 가능한 한 장기보유특별공제를 많이 받도록 하거나 양도차액이 너무 많다면 연도를 달리해서 분할 매도하는 방법을 고려한다. 다음 표를 참고하자.

기간 차이에 따른 매도 사례(2018년 4월 기준)

				매도 지분	양도차익	장기보유 특별공제		양도소득세
						(공제율)	(공제액)	
	매수가	10,000	2010년 1월 1일	100%				
사례 ①	매도가	30,000	2017월 12월 25일 (7년 보유)	100%	20,000	21%	4,200	4,470
사례 ②	매도가	30,000	2018년 1월 2일 (8년 보유)	100%	20,000	24%	4,800	4,220
사례 ③	매도가	15,000	2017월 12월 25일	50%	10,000	21%	2,100	1,511
		15,000	2018년 1월 2일	50%	10,000	24%	2,400	1,432
		합계		100%	20,000	22.5%	4,500	2,944

(단위: 만 원, 양도세 계산 시 복비, 취득세, 기본공제 등 기타 비용은 0원으로 가정하여 단순계산한 사례)

위 도표를 간단히 살펴보면 사례 ①과 ②는 1주일 차이로 양도세가 약 250만 원 정도 차이가 난다. 사례 ①과 ②가 100% 매도할 경우라면 사례 ③은 해를 달리해 절반씩을 2년에 걸쳐 분할매도한 경우인데 위 사례 ①과 ②를 비교해보면 각각 1,526만 원과 1,276만 원이라는 차액이 발생해서 그만큼 양도세를 아낄 수 있다.

제
5
장

접경지역 실전 투자사례,
남들 돈으로
미리 보는
나의 미래

'수단과 방법을 가리지 않고'가 아니라
'수단과 방법을 가려서' 투자한다.

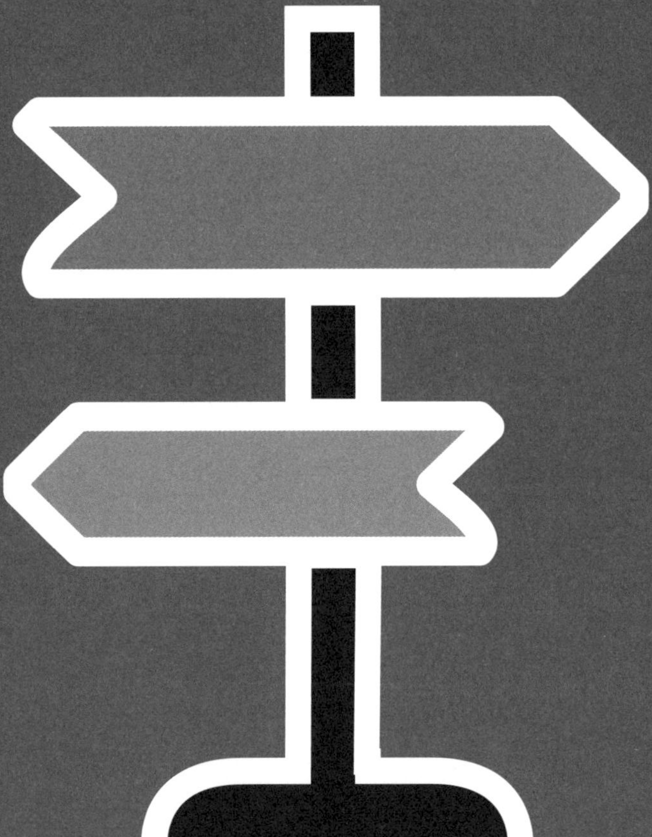

왜 하필
접경지역
부동산 투자에
관심을
가졌을까?

지금까지 이런저런 이론을 알아보았다. 그러나 이론과 실제는 당연히 다르고, 알고 있는 것을 직접 실행하는 데는 실패에 대한 불안을 덮을 만한 어느 정도의 확신이 필요하다. 그런 의미에서 다른 이들의 실제 투자사례가 판단에 도움이 될 것이라 믿는다.

지금부터 필자의 경험부터 시작해 몇 가지 다른 이들의 실제 투자사례를 전할 텐데 매입 시기에 따라 현재의 상황이나 시세에 차이가 있으니 참고용으로만 봐주었으면 한다. 각 지역을 매입한 이유, 또 구와 물 웅덩이 등 일반적으로 땅을 매입할 때 마이너스가 되는 단점들을 플러스로 만드는 방법들도 제시하니 이런 식으로 대응한다는 것을 알면 실제 매입 시 큰 도움이 될 것이다.

다들 귀가 아프게 들었겠지만 부동산 투자에 대한 판단 기준은 개인마다 다르므로 열심히 공부한 후 자신의 기준에 따라 결정해야 한다는 것을 잊지 말자. 참고로 필자는 어느 한 곳에 몰아서 투자하는 것을 좋아하지 않는다. 투자에는 100%가 없다는 것은 진리다. 주요 핵심 지역을 찍어 곳곳에 분산투자를 함으로써 위험 또한 분산하고 있다.

내 시작은 이랬다

무모하리만큼 열정적이고 두려움이 없는 나이였다. 대학을 졸업하고 사회에 나와 직장생활을 하는 대신 나는 무작정 여행을 떠났다. 세계 곳곳을 발길 닿는 대로 다녔다. 돈이 떨어지면 현지에서 일해서 돈을 벌었고 그 돈으로 다음 여행을 시작했다.

그렇게 3년 만에 다시 우리나라에 돌아온 후 직장에 들어가는 대신 사업을 시작했다. 그 당시는 돈보다 '신념'이 중요했고, 그 신념에 따라 옳다고 생각하는 일들을 해나갔다. 그러나 세상살이에 서툴다 보니 번번이 실패했다. 그럴수록 마음이 조급해졌다. 또래보다 출발이 늦었으니 따라잡으려면 두 배 세 배 더 바쁘게 살아야 한다는 강박도 있었다.

여유 있고 안전한 길을 쉬엄쉬엄 가는 것보다는 약간의 위험을 무릅쓰고서라도 빠른 길을 선택했다. 길이 없을 때는 개척했고, 지름길은 없는지 다방면으로 공부하고 조사했다. 한 가지를 시도했다가 아니다 싶을 때는 빨리 접고 새로운 일에 도전했다. 하지만 이것저

것 시도하다가 지쳐서 2010년경 금융계통 회사에 입사했다.

셈에 밝지 못한 사람이 금융이라니, 나를 아는 사람들은 고개를 갸우뚱했다. 하지만 새로운 지식을 쌓고 현장에서 고객을 만나 몸으로 겪는 새로운 일들은 매우 흥미로웠다. 무엇보다 그 일을 통해 나날이 발전해가는 자신이 기특하고 대견했다.

신나서 열심히 일한 덕분에 한 해 동안 1억 정도의 목돈을 모을 수 있었다. 종잣돈이 생겼으니 이 돈으로 무엇을 할까 고민했다. 1% 조금 넘는 은행이자를 바라고 예금으로 묶어두는 것은 내 성격에 맞지 않았다. 펀드나 FX마진 선물거래는 슈퍼고래의 싸움인지라 보잘것없는 개미인 나는 그들의 정보와 자본, 멘탈을 당해낼 재간이 없었다. 그 물에 뛰어들었다가 한순간에 종잣돈을 날려버릴 수도 있으니 말이다. 그동안 재테크 관련 공부도 하고 책 한 권을 쓸 수 있을 정도로 연구도 했지만 90% 이상 확신할 만한 투자는 없었다.

그나마 판세를 예측할 수 있고 개미들도 접근이 가능한 것이 부동산 투자였다. 적어도 당시 내 판단에는 그랬다. 아파트, 빌라, 상가, 입주권, 딱지 등 부동산 투자에도 여러 분야가 있지만 수익률과 투자가치를 고려했을 때 '땅'이 가장 효율적이었다.

땅에 관한 관심은 어릴 적 어머니한테서 숱하게 들어온 원망과 한탄 때문이었는지도 모른다. 할아버지가 돌아가시고 유산을 분배할 당시 형제들과의 관계가 소원했던 아버지는 상속 등기에서 소외되면서 땅 한 평 물려받지 못하셨다. 어머니는 살면서 두고두고 그 상황을 곱씹으며 원망하셨다.

땅을 사겠다고 마음먹은 후에는 여기저기를 물색했다. 1억 원이라는 돈을 힘들게 모았고 다시 실패하지 않으리라 굳게 결심했던 만큼 신중에 신중을 기했다. 당시 가장 주목받던 곳은 평택/당진, 제주도, 평창, 세종시 등이었다. 하지만 종잣돈 1억 원 가지고는 어림도 없었다. 보통은 평당 50~100만 원대였고, 저렴한 매물 중에는 30~40만 원대 땅도 있었지만 대개가 맹지이거나 모양과 위치가 좋지 않았다. 사람들의 관심이 많은 만큼 부동산은 하루하루 널뛰기를 했다.

결국 새로운 지역, 남들이 관심을 갖지 않는 곳 중에서 미래 성장 가능성이 큰 곳을 개척하기로 마음먹었다. 그래서 찾은 곳이 접경지역의 토지였다. 휴전선 근방의 접경지역인 강화도에서 강원도 고성까지 한반도의 허리띠 부분을 몇 달 동안 연구했다.

"땅에 투자하려면 무조건 한강 이남을 봐야지. 접경지역이라고? 거기는 지뢰가 묻혀 있는 곳 아니야? 거기도 부동산 거래가 되나? 등기가 돼 있어?"

사람들은 고개를 갸우뚱하면서 나를 걱정했다. 그 정도로 사람들은 접경지대에 대해 모르고 무관심했다. 하지만 내게는 매력적이었다. 김대중, 노무현 대통령 시절에 올랐던 접경지역 땅 가격이 이명박 정부 출범 이후 남북관계가 다시 냉각되면서 반 토막이 났다. 김대중, 노무현 정부 때 파주 접경지역의 부동산에 투기 세력이 몰리자 이를 규제하기 위해 토지거래허가제를 실시했는데, 이명박 정부 때 거래가 거의 이루어지지 않자 토지거래허가 지역에서 풀렸다.

내가 가진 종잣돈 1억 원이면 쓸 만한 땅 몇천 평을 살 수 있을 정도였다. 정권이 바뀌거나 남북관계가 좋아지면 예전 가격을 회복할 것이며, 한순간에 폭등할 수도 있는 지역이라고 판단했다. 경의선 라인의 핵심인 파주 일대, 경원선 라인의 핵심인 철원 일대, 동해선 라인의 핵심인 고성 일대 중에서 내가 선택한 곳은 경의선 라인의 핵심인 '파주' 일대였다.

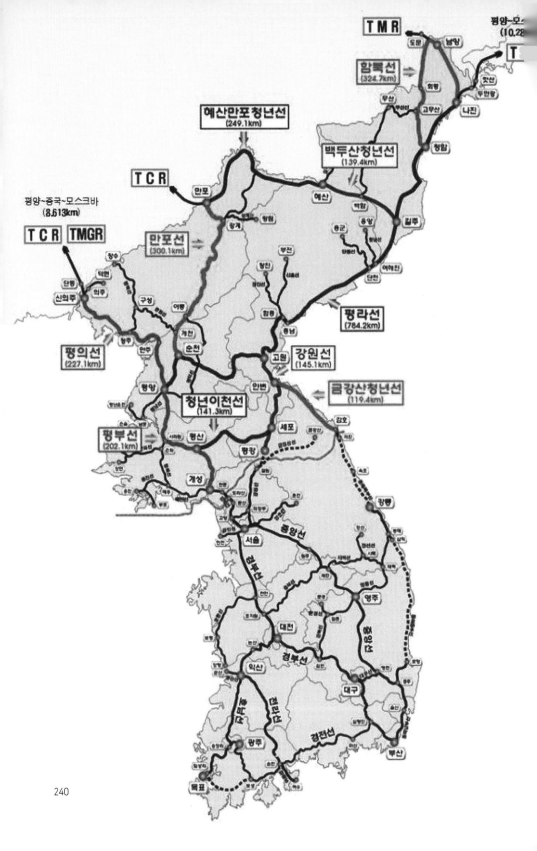

DMZ지만 괜찮아
파주 대성동

최초 투자한 DMZ 지역
파주시 군내면 송산리 임야와 밭 약 5,000평

매입연도
2013년 5월경

최고의 입지
파주시 군내면 조산리 밭과 논 약 2,000평

매입연도
2016년 4월

제 5 장

파주 일대 접경지역 중에서 가장 저평가되었다고 생각한 곳이 대성동 마을(파주시 군내면 조산리, 송산리) 일대였다. 그곳은 DMZ에서 유일하게 남한 사람들이 거주하면서 농사를 짓는 곳이었다. 하지만 파는 사람도 사는 사람도 거의 없었다.

몇 달을 기다렸다. 그런 와중에 공인중개소에서 연락이 왔다. 파주시 군내면 송산리 소재의 3필지 5,000여 평이 평당 2만 원에 매물로 나왔다는 것이다. 하지만 안타깝게도 그곳을 직접 가볼 수는 없었다. DMZ는 군인들도 함부로 출입할 수 없는 곳이었으며, 일반인들은 대성동 마을 주민이 초청하고 출입 허가를 받아야만 들어갈 수 있었다.

당시에는 구글 위성지도도 알지 못했던 터라 토지이용계획 확인원에서 토지의 모양과 도로 근접 여부, 권리관계를 알아보고 계약했다. 땅 상태가 어떤지 가보지도 않고 접경지역의 땅을 매수한 것이다.

투자 이유

내가 특별히 판문점이 있는 대성동 마을 일대를 주의 깊게 보고 투자지역으로 정한 이유가 있다. 이곳은 한반도 DMZ 지역 중에서 유일하게 일반인이 거주하는 곳으로 지뢰가 매설되어 있지 않고 바로 옆에 개성공단과 판문점, 도라산역이 있어서 지정학적 요충 지역이었기 때문이다. 다른 DMZ 지역은 70년 가까이 사람의 발길이 닿지 않아 멸종 위기의 동식물이 많이 서식하고 있어서, 향후 통일이 되더라도 자연보전지역으로 묶일 가능성이 크지만 대성동 마을 일대는 그럴 염려가 없다.

하지만 남북한 교류가 활성화되면 국가 공원이 조성되거나 도로 개발로 토지가 수용될 가능성은 열려 있다. 그렇더라도 벌써 농지개발이 되어 있고 마을이 오래도록 자리하고 있었으므로 그에 따라 높은 가격으로 보상받을 수 있다.

경과

위 3필지는 3~4년 정도 보유하다가 4만 원대에 당시에는 아주 높은 가격으로 매도했다. 그리고 1번국도에서 대성동 마을로 진입하는 아스팔트 도로 초입 지역(파주시 군내면 조산리)에 급매물로 나온 3필지 약 2,000평을 순차적으로 3~4만 원대에 매수했다.

송산리 지역도 좋았지만 아무래도 부산에서 서울, 파주, 판문점, 개성, 평양, 신의주로 향하는 1번국도 중심 도로에 가깝고 대성동 마을로 향하는 도로 초입이다 보니 입지 면에서 최고라고 생각했다.

조산리 3필지는 아직도 보유하고 있다. 공인중개소에서 매도할 생각이 없느냐고 여러 번 전화가 왔지만 계속 가지고 있을 생각이다.

통일도시가 기대되는 입지에 물웅덩이?
파주 노상리

|

통일도시가 기대되는 입지와 전략적 가치
파주시 장단면 노상리 논 약 1,500평

매입연도
2013년 9월경

도라산역

통일대교

임진각

투자처

노상리

장단 거곡리벌판

장단면 노상리, 도라산역과 장단반도 거곡리 벌판의 중간 지역에 있
는 논을 매입했다.

거곡리 벌판은 여의도 크기의 광활한 규모로, 겨울에는 몽고고원
에서 살던 검은독수리가 월동하러 오는 지역이다. 환경론자들은 이
곳을 생태공원지역으로 조성해야 한다고 주장하고, 김문수 전 경기
도지사는 임진강을 준설하여 이곳을 제2의 개성공단으로 개발하자
고 제안했으며, 박근혜 정부 때는 국제평화도시를 만들자는 제안을
받은 곳이기도 하다.

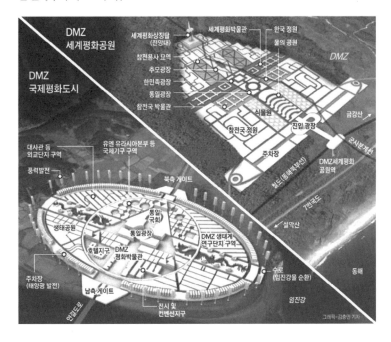

투자 이유

판단하건대 거곡리 벌판은 어떠한 형태로든 정부 주도하에 개발이 이루어져 향후 수용 가능성이 상당히 커 보인다. 그리고 도라선역 근방도 남북관계가 좋아지면 북한을 거쳐 중국, 러시아 유럽으로 향하는 유라시아 횡단열차의 출발역이 되기 때문에 철도물류유통단지로 수용될 가능성이 크다.

수용 가능성이 큰 두 지역과 달리 내가 매입한 노상리 필지는 그 중간 지역으로, 수용의 위험을 비껴갈 여지가 충분했다. 운이 좋다면 입지와 전략적 가치를 따져 통일도시단지가 들어설 것이고, 그렇지 않더라도 개성공단으로 가는 지름길로서 주변에 상권이 형성될 가능성이 있다. 이런 판단하에 평당 6만 원대의 가격으로 과감하게 매수했다.

경과

매입한 노상리 필지는 도로와 길게 접해 있어서 접근성이 좋지만, 농사를 위해 파 놓은 100평 규모의 물웅덩이가 두 개나 자리하고 있었다. 그 덕분에 주변 토지보다 평당 1만 원 정도 싸게 매입했지만, 직접 농사를 짓지 않는 한 물웅덩이는 약점이 될 수밖에 없다. 하지만 앞으로 어떻게 개발되느냐에 따라 물웅덩이가 더 이상 약점이 되지 않을 수도 있다. 아니, 물웅덩이 덕분에 상대적으로 땅값이 낮아지므로 매입 시 오히려 장점이 될 수도 있다.

몇 년 뒤 약 100만 원을 들여 포크레인과 불도저를 동원, 웅덩이 매립공사를 하여 평지로 만들었다. 덕분에 땅이 좋은 모양이 되어 평당 13만 원에 거래할 수 있었다.

구거는 무조건 피하라?
파주 방목리

도로와 구거, 용도지역을 고려한 합리적 투자
파주시 군내면 방목리 논 약 1,000평

매입연도
2014년 5월

방목리

해마루촌

투자처

덕진산성

초평도

이곳은 읍내리에서 해마루촌으로 가는 2차선 아스팔트 도로와 구거(물이 흐르는 도랑)를 사이에 두고 맞닿아 있는 논이었다.

기존 소유주는 이곳에 투자하기 위해 은행에서 대출을 받았는데, 몇 년 동안 땅값이 제자리인 데다가 대출 이자가 조금씩 올라 이자 부담이 계속 늘어났다. 시기적으로 김대중 정부 때 구매해서 이명박 정부를 맞이한 것이다. 더군다나 거래조차 잘 이루어지지 않다 보니 불안하기도 하고 답답하기도 했던 모양이다. 막걸리 냄새 풀풀 풍기면서 몇 년 동안 이자만 냈다고 푸념을 늘어놓았다.

중개업자는 도로와 바로 맞닿아 있지 않고 구거가 붙어 있는 것을 단점으로 지적하면서, 기존 소유주에게 '더 좋은 가격을 받기는 힘들 것이다'라는 말로 위로했다. 그리고 기존 소유주가 매입했던 당시의 가격인 평당 10만 원에 거래를 성사시켰다.

투자 이유

땅을 매입할 때 반드시 고려해야하는 것이 있다. 바로 도로와 구거, 용도지역, 토지 가치 상승 방법 등이다.

접경지 일대의 토지는 아직 '좋은 땅과 나쁜 땅'의 가격 분화가 적다. 일반적인 지역에서는 좋은 땅과 나쁜 땅의 가격 차이가 보통 4~5배 이상이다. 하지만 접경지 일대는 아무리 커봤자 2~3배 정도다.

2~3만 원 더 주더라도 기왕이면 좋은 땅을 사는 것이 거래도 잘되고 수익률도 좋다. '좋은 땅'의 필수조건은 도로와 인접한 곳인가, 구거가 있는가, 용도지역은 어떠한가 순이다.

맹지보다 도로와 인접한 땅이 좋다는 것은 두말할 필요가 없다. 하지만 구거에 대한 생각은 사람마다 다르다. 나는 구거의 근접 여부를 매우 중요하게 생각한다. 구거는 도로가 없는 경우 구거 점용허가를 받아서 덮개 공사를 할 수 있다. 그랬을 경우 구거는 쓸모없는 도랑이 아니라 도로 대용으로 인정받는다. 또 건축물 허가를 받을 때 배수로 유무가 중요 허가 조건으로 작용하기 때문에 향후 미래를 위해서라면 구거가 있는 땅이 더 좋다.

한 가지 더! 접경지 일대가 개발된다면 기존 도로를 확장하거나 신규도로를 개설할 텐데, 이때 구거와 접해 있는 땅은 도로부지로 수용될 가능성이 상대적으로 적어진다.

방목리 필지는 2차선 도로와 바로 연결되지 않고 구거를 거쳐 닿아 있는 것이 오히려 장점이라고 판단했다. 구거에 흉관을 묻어 진입도로로 사용하면 되고, 향후 구거에 흐르는 물을 활용한다면 물놀이 장소로 만들 수도 있다. 건축허가를 낼 때 배수로 문제는 자연스럽게 해결되고, 2차선 도로가 확장된다면 구거가 없는 맞은편 방향으로 확장될 가능성이 크다.

경과

매입 후 2년여쯤 지났을 때, 욕심이 나는 대규모의 땅이 매물로 나왔다. 하지만 가진 돈만으로는 부족했다. 하는 수 없이 평당 14만 원에 매각하고, 현재는 소유하고 있지 않다.

실전 사례 4

정부의 큰 그림에 딱 맞는 탁월한 입지
철원

DMZ 전문 캠프장 조성을 위한 큰 그림
철원군 동송읍 강산리 논과 밭 약 4,000평

매입연도
2017년 1월
2017년 2월

'분산투자' 차원에서 계속 염두에 두고 있던 곳이 철원이다. 광활한 평야를 품고 있는 철원은 한반도의 중심지역이자 경원선 라인의 중심으로 후고구려의 수도였으며, 일제 강점기에는 경성역(서울역) 다음으로 큰 역이 들어설 만큼 중요하게 평가받았고, 김일성 또한 이곳에 두 번째로 큰 노동당사를 지었을 만큼 '명당'으로 손꼽히던 곳이다.

산과 들로 아기자기하게 어우러진 파주 민통선과 달리, 철원 민통선은 '우리나라에 이런 벌판이 또 있을까?'라는 생각이 들 정도로 탁

제 5 장

트였다. 부동산 가격은 대략 파주의 1/2~2/3 수준이었고, 비교적 거래도 활발하게 이루어지고 있었다.

투자 이유

개발계획이 수립된 월정리역에서 약 300m 정도 떨어진 곳에, 수용에서 비껴난 땅 500평 정도가 급매로 나왔다. 비슷한 입지 조건의 파주 민통선 지역이었다면 평당 20만 원은 족히 넘었을 테지만, 부동산 가격이 낮게 형성된 데다가 급매라 '횡재다!' 싶을 만큼 가격이 좋았다. 크지 않은 평수라서 가격 부담도 없었고, 도로 교차로에 위치한 입지라서 선호도가 높은 땅이라고 판단했다. 고민할 이유가 없었다. 토지를 매입한 뒤 1년쯤 지나자 평당 20만 원에 팔 생각이 없느냐는 전화가 여러 차례 왔지만, 특별한 일이 없는 한 계속 보유할 계획이다.

경과

토지를 매입한 뒤 얼마 지나지 않아 인근에 있는 국유지를 추가로 매입했다.

토교저수지 옆에 있는 국방부 소유의 국유지였는데, 제2땅굴로 가는 외길 2차선 도로와 접해 있고 주변에는 국유지 임야가 병풍처럼 펼쳐져 있었다. 더구나 주변 토지가 대부분 '농림지역'이었는데 비해 용도지역이 '생산관리지역'이었다. 국방부 소유의 공매 낙찰이다 보니 도로 접합 여부나 입지에 상관없이 평당 감정가 차이도 거의 없었다. 공매 입찰 1차에 감정가보다 100만 원 더 높은 가격인 평당 5만 원대에 단독 낙찰을 받았다.

난 1차, 2차 매입한 곳에 'DMZ 전문 캠프장'을 조성하고자 한다. 통일이 되면 DMZ 일대는 세계인의 관심 속에 관광명소로 자리 잡을 것이다. 그곳은 70년 간 사람의 발길이 닿지 않아 자연환경이 가장 잘 보존된 곳으로, 희귀 동식물들의 보고임에 틀림없다. 학계는 물론 일반인들까지 한반도의 DMZ를 '죽기 전에 꼭 가봐야 할 명소'로 손꼽게 될지도 모른다.

현재 정부 차원에서는 한반도 서쪽 끝인 강화도에서 동쪽 끝인 강원도 고성군까지 연결한 'DMZ 순례길'을 조성하려는 움직임을 보인다. 이 'DMZ 순례길 기획안'에는 곳곳에 탐방객이 잠시 쉬거나 숙박할 수 있는 캠프장을 조성하는 안이 포함되어 있다.

내가 투자한 강산리 땅은 캠프장 입지로 손색이 없다. 앞으로 경원선과 금강선의 환승역이 될 철원역 그리고 최북단 역인 월정리 역과 가깝고(편리한 교통), 남북 공동 복원사업의 소재인 궁예도성과도 멀지 않으며(역사문화 유적), 제2땅굴로 가는 2차선 외길의 여정에 있고(독보적 입지), 철원에서 가장 크고 깨끗한 토교저수지(풍광) 바로 아래에 있기 때문이다.

역사, 관광, 물류의 중심지
연천군

|

역사, 관광, 물류의 중심지
연천군 장남면 반정리 논 약 3,000평

매입연도
2017년 3월 / 2017년 5월

개발이 수월한 다용도 활용지
연천군 장남면 판부리 임야 약 3,000평

매입연도
2018년 4월

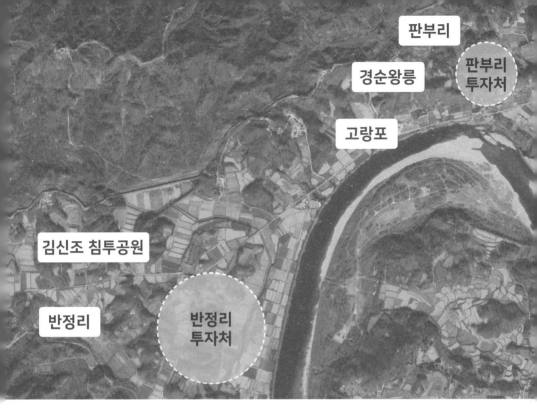

판부리

경순왕릉

판부리
투자처

고랑포

김신조 침투공원

반정리

반정리
투자처

　노무현 정부 때 파주 지역의 땅값이 폭등하자 정부는 부동산 투기를 억제하기 위해 토지거래허가제를 시행했다. 이로 인해 파주 지역의 부동산 매매가 자유롭지 못하자 연천군 장남면과 백학면으로 투자자금이 몰렸다. 이명박 정권이 들어서면서 남북관계가 동결되었고, 그 이후 자연스럽게 토지거래허가제는 사라졌다.

　그러나 노무현 정부의 부동산 정책 노선을 따르고 있는 문재인 정부에서, 통일의 분위기에 힘입어 파주 접경지역의 땅값이 급등한다면 다시금 토지거래허가제를 도입할 것으로 예상한다. 그렇다면 전과 마찬가지로 이때 연천군 장남면이 가장 주목받게 될 것이다.

투자 이유

뱃길이 주된 운송수단이었던 삼국시대부터 조선시대까지, 이곳은 물류의 중심지 역할을 해왔다. 황해도, 평안도의 물자가 연천 고랑포구에 수집되면 그것을 나룻배에 실어 임진강에서 한강으로 보냈다. 한국인 최초의 현대식 백화점이었던 종로 화신백화점의 분점 1호가 있었던 곳이며, 신라 마지막 왕인 경순왕이 비운의 사연을 간직한 채 묻힌 곳이기도 하다. 주변에 무장공비 김신조 일당이 청와대를 습격하기 위해 선택한 침투공원이 있고, 고구려 토성인 호로고루성이 있으며, 임진강이 가장 잘 보이는 곳이기도 하다.

이곳은 앞으로 남한강의 양평처럼 전원주택 단지 및 카페, 펜션단지로 조성될 것이라 예상한다. 현재도 카페와 전원주택들이 들어서 있다.

반정리 논은 포장도로와 구거에 접해 있고, 시세 대비 2~3만 원 저렴한 6~7만 원 선의 급매물로 나와 있어서 매입했다. 그리고 판부리 임야는 2차선 지방도로에 접해 있으면서 통제보호구역의 임야임에도 불구하고 용도지역이 '계획관리지역'이었고 개발이 수월한 '준보전산지'였다. 하지만 임야 면적의 절반이 도로보다 낮은 저지대라는 치명적인 단점 때문에 평당 가격이 7만 원까지 떨어져 있었다.

치명적인 단점은 추후 개발허가를 받아 보강토 공사를 하여 매립하거나, 낮은 부분에 H빔 공사를 해서 지하 1~2층 주차장을 만든다면 식당 및 물류창고, 근린시설 건물로 활용할 수 있을 것 같았다. 최악의 경우 호두나무, 꾸지뽕나무를 심거나 농막을 지어 제2의 주말농장으로 활용해도 좋을 것이라 생각해서 흔쾌히 매입했다.

경과

매입 후 반정리 논에는 각각 율무농사, 벼농사를 짓고 있다. 매해 수확량이 제법 많아 판매도 하고, 지인들께 선물로 드리기도 한다. 판부리 임야는 일부 간벌을 하고 그곳에 더덕과 약초나무를 심을 예정이다.

접경지역 투자 실전 사례 종합편

도시계획, 용도지역 개발행위를 종합한 투자
양주시 은현면 하패리 밭 770평

매입연도
2014년 12월경

하패리

신천

투자처

▲ 2014년 9월 위성지도　　　　　▼ 2017년 4월 위성지도, 4차선도로공사 중

하패리

필자는 어떤 지역에 가면 '이 땅은 앞으로 어떻게 개발될까? 이 땅은 왜 투자가치가 있을까? 시세는 얼마나 될까?' 등 땅과 관련된 수많은 상념에 빠지곤 하는데, 시간이 허락된다면 인근 부동산에 들러 좋은 땅이 나온게 없는지 현황을 듣는 것이 취미다.

2014년경에 우연히 동두천에 갈 기회가 있었는데 그때도 부동산에 들러서 이런저런 얘기를 듣고 좋은 매물이 없는지 묻다가 하패리 땅을 알게 되었다. 행정구역상 동두천이고 '신천'이라는 임진강 지류의 하천을 끼고 있는, 양주시 관할의 평당 80만 원 정도 하는 땅이었다.

당시 이곳은 여느 도심 주변처럼 전형적인 농경지였다. 그런데 용도지역을 확인해보니 2종 일반주거지역이면서 군사시설보호구역(제한보호구역)으로 되어 있었고, 토지이용계획안에 새로 신설되는 3번 국도의 은현IC에서 동두천 중심을 지나는 메인 진입도로가 계획에 들어가 있었다.

토지주는 부모님에게 이 땅을 상속받았는데 처분해서 형제끼리 나눠 가질 요량이라고 했다. 며칠 고민 끝에 가격을 좀 깎아 평당 70만 원인 5억 4천만 원에 매수하기로 결정했다.

매수 이유

① 이 땅의 가치를 상승시키는 주요 관건은 4차선도로의 개통과 신

소재지	경기도 양주시 은현면 하패리 ▨▨▨ ▨		
지목	전 ❓	면적	2,556 ㎡
개별공시지가 (㎡당)	112,200원 (2018/01)		
지역지구등 지정여부	「국토의 계획 및 이용에 관한 법률」에 따른 지역·지구등	제2종일반주거지역 · 지구단위계획구역(하패지구:지구단위계획구역내 규제사항은 지구단위담당팀으로문의)	
	다른 법령 등에 따른 지역·지구등	가축사육제한구역(모든축종 제한)<가축분뇨의 관리 및 이용에 관한 법률> , 성장관리권역<수도권정비계획법> , 배◯ (민원해결과에 문의바랍니다)<수질 및 수생태계 보전에 관한 법률>	
「토지이용규제 기본법 시행령」 제9조제4항 각 호에 해당되는 사항			

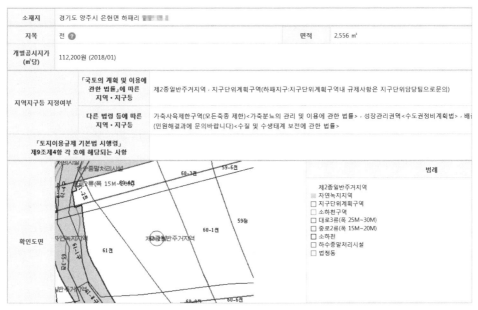

▲ 2018년 5월 토지이용계획확인원

천을 가로지르는 교량의 완공시점이었다. 양주시와 도로공사 등에 문의하니 4차선 진입도로를 위해 토지수용이 완료되었고, 도로공사를 위한 자금이 벌써 산정되어 집행만 남은 상태라 조만간 착공될 것이고 2년 6개월 정도의 공사기간을 거치면 도로가 완공될 것이라는 답변을 들었다.

② 또 군사시설보호구역으로 들어가 있었지만 건축행위 자체가 어려운 통제보호구역이 아니라 제한보호구역이라 일반적인 건축물을 지을 수 있다. 2종 일반주거지역은 건폐율(건물 1층 바닥면적/토지

면적*100%) 60% 이하, 용적율(건축면적 합계/토지면적*100%) 250% 이하로 단독주택, 근린생활시설, 창고, 아파트까지 지을 수 있는 활용도가 많은 땅이다. 주변에 있는 2종 일반주거지역의 대지가 평당 200~250만 원 정도였는데, 이 땅은 전면에는 30m 대로가 후면에는 20m 도로가 걸쳐 있어서, 4차선도로가 개통되기만 하면 못 받아도 최하 평당 200만 원, 신천 교량까지 개통하면 최하 300만 원은 거뜬히 받을 수 있는 땅이라고 판단했다.

③ 땅 모양이 사다리꼴로 나쁘지 않았다. 좌우에 있는 땅지주가 같은 사람인데 이 땅이 일종의 알박기 개념으로 옆땅 지주에게는 꼭 필요한 땅이 될 수 있고, 옆땅과 달리 이 땅은 도로부지와 하천부지로 들어간 면적이 없는 데다가 오히려 국유지인 도로부지 안에 실제 도로가 떨어져 있어서 국유지인 도로부지를 사용할 수도 있었다. 추후 건물 건축 시 후면도로가 있어서 가감차선을 만들 필요가 없으니 토지면적을 100% 이상 활용할 수 있다는 판단도 했었다. 참고로 4차선 대로변에는 일정 거리의 차량속도 가감차선을 만들어야 허가가 나온다. 그만큼 건축면적이 줄어들고 공사비는 늘어난다.

④ 그리고 거시적으로 수도권정비계획에서 과밀억제권역, 성장관리권역, 자연보전권역 중에 양주시는 동두천과 함께 인구와 산업을 계획적으로 유치하고 개발을 장려하는 성장관리권역이라서 성장 잠

재력이 많았다. 특히 이 땅의 생활권은 양주시가 아니라 오히려 인접한 동두천 지역에 있는데 동두천 미군부대가 평택으로 이전함으로써 미군공여지 개발 지원특별법으로 정부의 지원이 쏟아질 곳이었다.

⑤ 또 이 지역은 경원선철도, 3번 국도, 제2외곽순환도로가 지나는 경기 동북부의 거점중심지역이라서 향후 남북경협사업 및 국가산업단지 개발의 중심지가 될 가능성이 많아보였다.

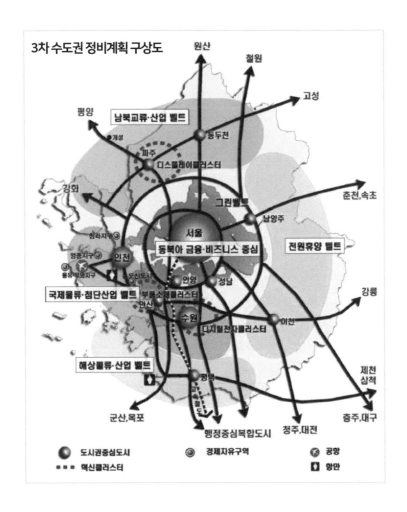

3차 수도권 정비계획 구상도

⑥ 사실 아무리 좋은 매물이라도 해도 투자자금이 없으면 마음만 쓰리고 아플 뿐인데 때마침 친누님이 아파트 매도금액 2억 원의 여유자금이 있다고 하니 은행대출 3억 5천만 원을 일으키면 매수할 자금이 만들어졌다.

앞으로 계획

현재 이 땅 2,556㎡의 지목은 전(田)인 상태다. 따라서 지목변경 후 분할을 진행하여 한 필지는 보유하고, 다른 한 필지는 매도하려고 한다. 즉, 1필지의 대형평수를 필지 A(1,500㎡)와 필지 B(1,056㎡) 두 필지로 분할하여, 두 필지 모두 지목변경과 건축허가를 받으려고 설계사무소에 의뢰를 해놨다.

A 필지는 농업용 창고로 건축할 예정이다. 필자가 농업인이기 때문에 농지전용금과 개발부담금을 100% 면제받을 수 있고 5년 사용 후에는 다른 지목으로 변경하거나 일반 창고로 전용을 허락받을 수 있다. B 필지는 근린시설건축허가만 받아 놓으면 매수희망자가 은행에 건축 후 근린생활시설의 높아진 감정평가액으로 대출받을 수 있도록 하고자 한다. 이렇게 하면 매수자 입장에서는 금액부담이 상대적으로 적어지고 대출도 수월하기 때문에 매수희망자를 찾기 쉬울 것이고, 토지개발 인허가비용을 제외하고도 매도가격을 충분히 받을 수 있을 것이다.

좀 자세히 보면 다음과 같다. 이렇게 진행하면 A(1,500㎡)의 면적에 대한 농지전용부담금과 개발부담금 없이 항목 1, 2의 적은 비용으로 지목을 '전'에서 '창고용지'로 전용할 수 있으며, B(1,056㎡) 면적은 3,500만 원 정도의 농지전용금과 설계인허가 비용만으로 매수희망자가 선호하는 ① 작은필지, ② 건축인허가 받은 필지, ③ 매수희망자가 희망하는 용도로 설계변경이 용이한 필지, ④ 대출이 많이 나오는 필지로 만들어 개발행위 허가만으로 실제 건축하지 않고도 좋은 조건으로 매도할 수 있는 것이다.

예상 개발비용

항목 1: 농지전용금(개발행위 사전납부)

A 필지: 1,500㎡ * 0 = 0원(농어민 1,500㎡ 이하 면제)

B 필지: 1,056㎡ * 112,200원 * 30% = 35,544,960원

(공시지가의 30%, 최대 5만 원/㎡)

* 농업인의 농지전용금 면제: 무주택 농업인 주택 660㎡ 이하,
농축산시설 농업인 1,500㎡ 이하

항목 2: 개발부담금

A 필지: 1,500㎡ * 0 = 0원(도시지역 외 지역 1,650㎡ 미만 면제)

B 필지: 1,056㎡ * (개발이익 - 개발비용) * 25% ← (매수자부담)

* 개발부담금 면제면적: 특별시/광역시 660㎡ 미만, 기타 도시지역
990㎡ 미만, 도시지역 외 지역(읍, 면) 1,650㎡ 미만

항목 3: 설계비용, 토목비용, 분할비용, 건축비용, 기타

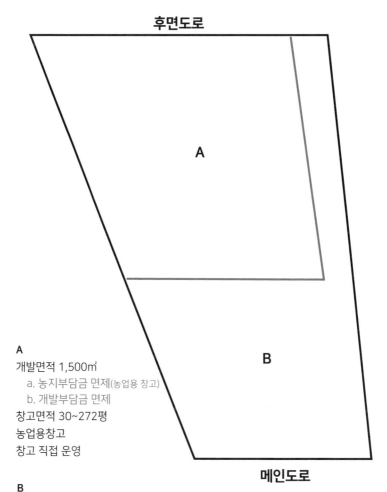

개발장소: 양주시 은현면 하패리 2,556㎡

후면도로

A

A
개발면적 1,500㎡
　a. 농지부담금 면제(농업용 창고)
　b. 개발부담금 면제
창고면적 30~272평
농업용창고
창고 직접 운영

B

메인도로

B
개발면적 1,056㎡
　a. 농지전용비 부담
　b. 개발부담금 납입(매수자 부담)
근린생활시설
매도 예정

실전 사례 7

노후를 풍요롭게 만든
임진강변 작은 카페
'고랑포이야기'

부부가 이곳에 자리를 잡기까지 우여곡절이 많았다. 은행에 근무하던 시절부터 접경지역 부동산을 구입해보라는 권유를 많이 받았지만 큰 관심이 없었다. 그렇게 10여 년이 지난 2011년, 퇴직 이후 노후 계획을 세우다가 적성 지역을 둘러보게 되었다. 부동산 투자를 위한 것이 아니라 주말농장 내지는 세컨드하우스를 마련해두고 은퇴 후 노후를 여유롭게 보내고 싶은 마음 때문이었다.

노후 전원생활을 위한 부부의 세 가지 원칙

부부는 전원생활을 염두에 두고 세 가지 원칙을 세웠다.

첫째, 부부가 모두 동의할 것. 한쪽의 일방적인 주장으로 전원생활을 결정하면 반드시 문제가 생긴다. 아무리 오래 산 부부라고 해도 관심사나 생활 반경이 다른 법이다. 특히 남자보다 여자는 '관계 중심적'인 성향을 갖고 있으므로 사람들과 떨어져 전원생활을 하는 게 힘들 수도 있다. 그러므로 배우자와의 타협과 협의가 필요하다.

둘째, 건물은 작게 지을 것. 도시에서처럼 용적률을 꽉 채워 집을 짓는다면 휴게시설을 만들기가 힘들 테고, 그렇다면 영락없이 집에만 갇혀 있어야 한다. 그것은 전원생활을 하겠다는 취지에서 한참 벗어난 일이니, 가능하면 건물은 작게 짓고 마당에 널찍한 휴게시설을 만들어 여유롭게 흙을 밟으면서 살고 싶었다.

셋째, 기존에 살던 곳에서 1시간 이내의 거리에 있을 것. 도시 생활에 익숙해 있다가 갑자기 뚝 떨어져 외진 곳으로 들어간다면 이질감 때문에 오래 견디지 못할 것이다. 그러므로 영화가 보고 싶다거나 대도시의 편리함이 그리울 때는 차를 타고 언제든 다녀올 수 있는 거리에 살면서 전원을 즐길 수 있어야 한다고 생각했다.

매입 과정

마침 눈에 드는 지역에 200평이 조금 넘는 땅이 매물로 나왔다. 볕이 잘 들고 입지가 좋아서 일단 매입을 했다. 그곳에 집을 지을까 텃밭을 만들까 고민하던 중 2012년 연천군에서 지역개발계획을 발표했다. 부부가 매입한 땅 인근에 고랑포구의 옛 모습을 재현하고 역사박물관을 지어 관광명소로 개발한다는 계획이었다. 그렇게 땅을 매입한 지 1년 만에 연천군에 수용이 되었다. 연천군에서 120여 억 원의 사업비를 책정한 대규모의 사업이었지만 수용 과정에서 제시한 보상금은 턱없이 적었다.

수용 시 보상금이 불만족스러울 경우 불복하여 재감정을 받을 수 있다. 그러면 입지가 좋았던 그 땅은 실거래가에 근접한 보상을 받을 수 있겠지만 불복소송을 해야 하는 등 이래저래 복잡한 일들이 생겼다.

어떻게 해야 하나 고민하던 중 마침 부동산 중개소에서 좋은 매물이 나왔다는 연락을 받았다. 전체 1,300평이지만 셋이서 분할하면 원하는 평수를 살 수 있다고 했다. 가보니 다른 어느 곳보다 풍광이 아름다워 마음에 쏙 들었다. 그래서 처음 매입한 땅을 손해 보고서라도 매매하고 이 땅을 매입하기로 결정했다.

처음 계획은 300평만 사서 자그마한 컨테이너 하나 놓고 풍경이나 즐겨야지, 하는 것이었다. 그런데 부동산중개인의 말처럼 1,300평을 나눠서 살 사람이 쉽게 나타나지 않았다. 그런저런 사정으로 200평을 추가해서 결국 500평을 매입하게 되었다.

이렇게 매입한 두 번째 땅이 현재 '고랑포이야기'가 있는 곳이다. 흔히 '부동산에는 임자가 따로 있다'고들 하는데, 부부와 '고랑포이야기'의 인연도 그러하다. 원래 부부가 사기로 한 땅은 끝쪽 500평이었고 지금의 자리는 다른 사람이 미리 점찍어둔 곳이었는데, 막상 계약일에 그 사람이 나타나지 않았다. 개인적인 사정으로 못 왔다면서 계약일을 일주일 뒤로 미루었다.

살다 보면 그럴 수도 있겠거니 싶어서 다음 계약일까지 기다렸다가 다시 계약 장소로 나갔다. 그런데 이번에도 개인적인 사정을 이유로 그 사람이 나오지 않았다. 상황이 난감해지자 부동산중개인은 미안한 기색을 보이더니 '마음에 드는 곳으로 땅을 먼저 고르라'며 혜택을 주었다. 원래 부부가 사려던 곳보다 가운데 쪽인 지금의 자리가 더 마음에 들었던 탓에 부부는 주저 없이 이곳을 매입했다. 아마 두 차례의 불발이 없었더라면 '고랑포이야기'는 이 자리가 아니었을지도 모른다. 아니 아예 없었을지도 모르겠다.

임진강변에 카페 짓기

현재 '고랑포이야기' 뒷마당에서는 동쪽으로 감악산, 호로고루성, 파평산이 보인다. 임진강 물줄기를 따라 유유히 오가는 황포돛배가 내려다보이고 계절마다 갖가지 꽃이 피어 운치를 더한다. 하지만 처음 이곳은 허허벌판이었다. 접경지역이다 보니 저녁에는 전깃불조차 켤 수 없었다.

그러다가 "경치가 좋은데, 이곳에 카페 하나 열어보는 건 어때?"라는 지인의 말을 듣고 혹시나 해서 알아봤더니 그곳에 집을 지을 수 있다고 했다. 사실 인근에 편의시설은커녕 자판기 하나 없어 오가는 사람들의 불편함이 컸고, 임진강이 내려다보이는 좋은 경치를 앞에 두고 편히 쉴 자리가 필요했기 때문에 카페형 편의시설을 만들면 좋겠다는 생각이 들었다.

직접 집을 짓기 위해 3개월 동안 목공 기술을 익히고 용접도 배웠다. 내가 살 집을 직접 설계하고 재료를 구입해 하나하나 만들어가는 내내 설레고 기뻤다. 난방은 지열에너지로 해결했다. 설비에 필요한 예상 비용은 2,500만 원이었으나 지열에너지가 신재생에너지로 분류돼 정부와 지자체의 지원을 받은 덕에 1,100만 원으로 준공을 마쳤다. 그렇게 6개월의 노력 끝에 지금의 모습을 갖췄다.

"근래 들어 주변에 다른 건물들이 많이 들어서고 있는데, 혹시 불편하지는 않으세요?"라는 질문에 주인장은 환하게 웃으면서 대답했다.

"장단점이 있겠지만 현재까지는 장점이 많아요. 사람들이 이곳으로 들어와서 집을 짓는다는 것은 발전 가능성이 있다는 말 아니겠어요? 지역이 발전하고 오가는 사람들이 많아지면 카페를 찾는 분들도 많아지겠지요. 그분들이 앞마당에 앉아 여유롭게 쉬었다 간다면 저희도 심심하지 않고 좋지요."

노후를 보낼 전원주택 용도로 매입했지만 결국 편의점 카페로 효자 노릇을 하고 있는 '고랑포이야기'. 카페 초기에는 알려지지 않아 주말에만 잠깐 문을 여는 식이었지만, 지금은 그곳을 오가는 사람들 사이에서 '풍광 좋은 이색 카페'로 입소문이 나서 찾는 사람이 제법 많다. 앞으로 고랑포역사박물관이 완공되면 제법 번화한 카페가 되지 않을까 기대가 된다.

호기심에 샀는데
든든한
지갑이 되더라

평화나무재단 변세환 대표는 '잘 나가는 입시수학 강사'라는 전직이 믿기지 않을 만큼 사진을 잘 찍고 호기심도 많은 사람이다. 그가 DMZ에 관심을 갖게 된 것도 단순히 '철책 너머에는 무엇이 있을까? 어떻게 생겼을까?'라는 호기심과 그쪽의 모습을 카메라에 담고 싶은 마음 때문이었다. 하긴 살면서 그곳을 가본 적도 가봤다는 사람을 만난 적도 없으니 꽤 궁금하긴 했던 모양이다.

그러다가 민통선에 들어갈 수 있는 방법을 알아냈다. 민통선 안에 300평 정도의 땅을 영농 목적으로 구입하면 출입증을 발급받아서 들어갈 수 있다는 것이었다. 다행히 민통선 안쪽의 땅은 호기를 부려도 될 만큼 낮은 가격에 거래되고 있었다. 그는 민통선 전문 부동산 중개인을 통해 필요한 만큼의 땅을 매입했고 원하던 민통선출입증을 발급받았다. 이것만으로도 그의 만족감은 충분했다.

그가 부동산 투자에 대해 전문지식이 있다거나 투자를 통해 수익을 올리려는 목적이 있었다면 투자에 앞서 고민이 많았을 것이다. 휴전선 접경지역은 정치 변화에 따라 '가장 위험한 지역'으로 분류될 때도 있고, 자칫하면 '이름만 내 땅'이 될 여지도 있었기 때문이다. 민통선 안쪽에 대해 궁금해할 때만 해도 그는 투자엔 별다른 관심이 없었고, 그곳에 드나들 수 있다는 것 외에 큰 바람이 없었기 때문에 오히려 결정이 쉬웠다고 했다.

콘도 하나 구입할 금액으로 매입한 파주시 방목리의 땅을 구입했고, 그 핑계로 그 지역을 오가며 공부를 시작했다. 일단 궁금한 게 있으면 직접 부딪쳐 알아가는 것이 그의 방식이었다. 지역의 역사적 배경, 기후 환경, 토지 성분, 발전 전망 등 다양한 분야의 폭넓은 지식을 쌓아가는 동안 점점 확신이 생겼다. 알면 알수록 매력적인 그 땅에 발을 디딜 때마다 감탄이 나왔다.

'아, 소 뒷걸음질 치다가 개구리 밟은 꼴이구나. 이 지역이 이렇게 투자가치가 높은 곳인 줄 생각지도 못했는데, 정말 대단한 곳이군. 내 세대가 아니면 후대에라도 분명 제대로 평가받는 날이 올 것이다!'

투자가치에 대한 인식이 생겨나면서 본격적으로 접경지역을 투자 대상으로 연구하기 시작했다. 땅 사길 잘했다는 생각에 신이 나는 한편, '언젠가'가 실제로 언제가 될지 아무도 장담할 수 없다는 애매함도 있었다. 무작정 때가 오기만을 바라고 아무것도 하지 않은 채 기다리는 것은 어리석은 짓이다.

'땅값이 제자리면 뭐 어때. 주식처럼 하루아침에 휴지 조각이 되어 없어지는 것도 아니고. 최악의 상황이 닥친다고 해도 땅은 남잖아! 주말농장처럼 오가며 농사짓다가 그걸로 노후에 농지연금 받으면 되지. 그것도 괜찮지!'

접경지역의 땅은 용도에 따라 다양하게 활용할 수 있는 것이 큰 장점이었다. 나라에서 주는 국민연금 외에 일정 기간 자신의 땅에 농사를 지어온 사람에게는 농지를 담보로 농지연금을 주기 때문에 소득이 없는 노후에 톡톡히 효자 노릇을 한다. 이것 또한 현명한 투자 포인트라고 생각했다. 투자비용이 적으니 '가성비'는 두말할 필요 없이 최고요, 공기 좋고 풍광 아름다운 곳에 널찍한 내 땅이 있다는 것으로 '가심비' 또한 만점이었다.

> "문제는 시간이었습니다. 주식처럼 샀다 팔았다를 반복하며 수익을 만드는 방식이 아니라 시간이 흐르면 저절로 수익률이 높아질 것이라는 생각으로 느긋하게 농사를 지어야겠다고 마음먹었지요."

물론 농사를 지어 그 수확물로 수익을 올리려는 것은 아니었다. 가족과 지인들이 나누어 먹을 수 있으면 좋고, 조금 더 나아가 부동산 투자자금에 대한 금융비용 정도를 만들 수 있기를 바랐다. 하지만 농사를 지어본 경험이 없었기에 그것도 공부부터 시작했다. 일단 여러 가지 조건을 세운 다음 거기에 들어맞는 것들을 하나씩 찾아나갔다.

직장을 다니면서 한 달에 두어 번 정도 시간을 내서 오가다 보니 작물 선택에 신중해야 했다. 일이 바빠 자주 오지 못하더라도 얼어

죽거나 타 죽지 않고, 병충해에 강하며, 키우는 데 손이 많이 가지 않는 작물을 찾는 것이 관건이었다. 유실수를 키우고 싶긴 했지만 수확까지 시간이 여러 해 걸리거나 냉해에 약한 것들이 대부분이라 적당한 대상을 찾기 어려웠다.

유실수에 대해 공부하다가 '꾸지뽕과 왜성호두'라는 것을 알게 되었다. 꾸지뽕과 호두나무는 오래 살기 때문에 한 번 심어 놓으면 대를 이어 수십 년 동안 수확할 수 있다는 장점이 있는데, 특히 왜성호두는 열매가 크고 많이 달리는 데다가 첫 수확 시기가 빨라서 심은 지 2~3년이면 열매를 맛볼 수 있다고 한다. 더군다나 추위에 강하다는 장점이 있었다.

> "감, 자두, 복숭아도 생각해봤는데 이왕이면 내가 좋아하는 꾸지뽕과 호두나무를 심고 싶었습니다. 또 꾸지뽕과 호두는 병충해에도 강하기 때문에 농약 같은 건 칠 필요가 없지요. 그 자체로 친환경이요 유기농인 셈입니다. 어서 시간이 지나서 꾸지뽕과 호두를 맛보고 싶네요. 꾸지뽕과 호두 수확할 때 연락할 테니 한 번 놀러 오세요."

그렇게 꾸지뽕과 호두나무를 심어 놓고 그는 농부의 마음으로 흐뭇하게 농장을 바라보았다. 변세환 대표는 조만간 그곳에 농막을 하나 지을까 궁리 중이다. 농사 장비를 일일이 차에 싣고 다니기도 그렇고, 지인들과 가끔 그곳으로 소풍을 갔을 때 햇볕과 비를 피하거나 삼겹살이라도 구워 먹으려면 농막이 하나 있는 게 낫겠다 싶어서다. 잡목을 베고, 흙을 북돋고, 웅덩이를 메우고…. 그렇게 한 번 갈 때마다 조금씩 조금씩 땅의 모양새가 변해간다. 땅을 가꾸는 것에서 행복을 찾는 그의 얼굴에 전에 없던 여유로움이 빛났다.

투자가 무엇인지도 모르고 산 DMZ 접경지역 땅이 그에게는 부동산 투자의 신호탄이 되었다. 그리고 공부하고 알아가는 과정에서 전문가 못지않은 정보와 지식을 쌓게 되었다. 그에게 DMZ 접경지역 땅은 신나는 놀이터이자 노후를 건강하게, 안정적으로 보낼 수 있는 든든한 지갑이다.

그는 현재 인생의 마지막 황금기를 보내고 있다고 한다. 우연히 알게 된 접경지역의 매력에 푹 빠져 뜻하지 않게 꾸지뽕과 호두농장을 시작하게 되었고, 현재는 좀 더 넓은 땅을 추가로 구입했으며, 이 땅에 북한의 황폐해진 산야에 보낼 호두, 꾸지뽕, 헛개나무, 잣, 블루베리, 사과, 프론, 아로니아 등의 묘목을 키우는 대북 양묘장 사업을 준비하고 있다.

제 5 장

아이들과의 미래,
민통선
'블루베리 계룡박농장'

민통선에 블루베리를 따러 간다고 하면 다들 고개를 갸웃할 테지만, 이미 지역 명소로 알려진 블루베리 체험농장이 있다. 일산에서 차로 30분, 임진강 통일대교 건너 파주 민통선 마을에 있는 '계룡박농장'이 바로 그곳이다.

그가 이곳에 자리를 잡은 것은 2013년이었다. 캠핑이 한창 유행하던 시기, 싫다는 아내를 끌고 아이들과 함께 주말마다 캠핑하러 다녔다. 학교와 집밖에 모르는 아이들에게 자연을 보여주고 경험하게 하고 싶었다.

그런데 캠핑하러 다니다 보니 짐이 하나둘 늘기 시작했다. 텐트와 침낭, 그늘막, 아이스박스, 화로, 코펠 등 야외에 나가 의식주를 해결해야 하니 그것 또한 큰살림이었다. 텐트 치고 짐 싸는 일이 고단해지자 '1년 사시사철 편히 가서 쉴 수 있는 캠핑처가 있으면 좋겠다'는 생각이 들었다. 어린아이들을 포함한 일가족이 안전하고 평화롭게 자연을 즐길 수 있는 곳, 그곳에 가족캠핑장을 짓기로 결심했다.

하지만 그간 다녀보았던 캠핑지를 중심으로 이곳저곳 물색해봐도 썩 마음에 와닿는 곳이 없었다. 거리가 가까우면 자연환경이 마음에 들지 않고, 자연이 잘 보존된 곳은 너무 멀거나 위험했다. 이 조건 저 조건이 잘 맞아떨어진다 싶은 곳은 땅값이 지나치게 비쌌다. 결심은 했지만 현실적인 문제 앞에서 주춤하게 될 수밖에 없던 시기였다.

"그러다가 문득 '내가 가족캠핑을 하는 목적이 무엇일까?'라는 생각이 들더라고요. 여러 가지 이유가 있었지만 가장 근본적인 것은 아이들을 자연과 친숙하게 해주고 싶었던 것입니다. 두 번째는 제가 꿈꾸는 전원생활에 대해 대리만족을 얻을 수 있었기 때문이지요. 남자들에게는 다들 그런 로망이 있지 않습니까? 그런 목적이 채워진다면 굳이 캠핑이 아니라 형태가 달라져도 상관없지 않나, 그런 생각이 들더군요."

생각을 바꾸고 나니 그제야 민통선 땅이 눈에 들어왔다고 한다. 파주는 현재 살고 있는 지역에서 멀지 않았고, 민통선은 사람의 발길이 없어서 자연환경이 잘 보존되어 있었으며, 가지고 있는 돈으로 꽤 널찍한 땅을 살 수 있었다. 이보다 더 매력적인 곳이 어디 있을까 싶었다. 실제로 민통선에 들어가 보고는 생각했던 것보다 훨씬 더 매력적인 풍경에 감탄하지 않을 수 없었다고 한다. 민통선에 첫발을 내디딜 때를 떠올리는 그의 눈이 빛났다.

"아내와 연애를 할 때도 이렇게는 설레지 않았는데, 민통선에 들어가 그곳을 둘러보는 동안 설레더라고요. 첫눈에 반했다고나 할까. 실제로 보니 욕심이 생겼어요. 그래서 과감히 계획을 수정했습니다. 단순히 가족캠핑을 위한 곳이 아니라 정년퇴직 후 농부로서 제2의 인생을 시작해보겠다고요. 노후

에 어떻게 살아갈 것인가가 늘 고민이었는데, 그 문제까지 해
결할 방안을 찾은 셈이지요."

농사일을 해본 적은 없지만 뭔가를 심고 가꾸는 일에 흥미가 있었
고, 그간 캠핑을 하면서 필요한 것들을 뚝딱뚝딱 손으로 잘 만들어
왔다. 그리고 고향 부모님께서 농사를 지으셨기 때문에 농사일이 아
주 낯설지는 않았다. 노후를 생각한다면 천천히 공부하고 익히면서
한 살이라도 젊을 때 준비해야겠다는 생각이 들었다. 그리고 2013년
봄, 계획보다 넓은 3천 평 정도의 땅을 매입했다.

하지만 땅을 사고 바로 파주로 이사를 온 건 아니다. 평일에는 회
사에 다니면서 일했고 주말에는 농장으로 내려와 주변을 가꾸기 시
작했다. 잡초와 잡목을 베어 땅을 정리하고, 비닐하우스를 만들고,
묘목을 심고, 친환경 살충제와 비료를 넉넉히 만드는 일을 차근차근
히 해나갔다. 처음에는 지인들을 불러 막걸리도 한 잔씩 하면서 함
께 일했는데, 지인들은 민통선 구경할 기회를 마다하지 않고 기꺼이
농사일을 도왔다.

그러기를 3년, 드디어 200여 미터 간격으로 두 개의 농장이 완성되
었다. 1 농장에는 아로니아와 자두나무를 심고 조립식 집 한 동, 비
닐하우스 한 동, 그리고 작은 캠핑용 텐트를 세웠다. 그리고 2 농장
에는 아로니아와 블루베리를 심고 살수 설비가 갖추어진 하우스 한
동을 마련했다. 열매를 수확해서 판매하는 것은 물론 체험학습장으

로 개방하고 있어서 단체로 방문해 블루베리 따기 체험을 한다. 유기농 과일을 마음껏 따서 먹고, 민통선과 인근의 유적지를 둘러볼 수 있어서 현장학습 코스로도 인기다.

> "농지에 무엇을 심을까 고민하다가 어머니 생각이 났어요. 어머니가 뒷마당에 호두나무 몇 그루를 심으셨는데, 그걸 가지고 용돈을 만들어 쓰시더라고요. '아, 유실수를 심으면 그 열매를 팔아서 수입을 올릴 수 있겠구나' 싶었지요. 그래서 유실수를 심으려고 생각했어요. 블루베리는 제 아이들 때문에 심은 것이기도 해요. 아이들이 평소에 블루베리를 잘 먹어서 이왕이면 우리 애들이 좋아하는 걸 심어야겠구나 싶었지요."

문득 블루베리를 심게 된 사연이 궁금해 물었더니 돌아온 대답이었다. 국내산 블루베리가 아직 대중적이지 않은데, 그것도 추위가 심한 민통선에서 블루베리 농사를 짓겠다고 마음먹은 계기가 있을 듯했다. 블루베리는 묘목 값이 비싸고, 까다로운 생육조건을 맞추기 위해 흙을 전량 수입해야 하며, 제초매트를 깔아주고, 살수 설비 등을 갖춰야 해서 초기비용이 많이 든다. 하지만 그만큼 높은 가격에 팔 수 있기 때문에 적은 면적에서 고부가가치를 창출할 수 있다는 것이 그의 설명이었다.

물론 농사 경험이 없는 그가 혼자서 이 모든 것을 해내기란 어림

없는 일이었다. 묘목 선정과 식재, 생육, 관리 등 농사 전반에 걸쳐 파주시 농업기술센터 농업진흥과의 윤순근 팀장의 도움이 있었다. 윤순근 팀장은 오랜 기간 연구를 거듭하며 쌓은 경험과 지식을 파주시 농업인들에게 전하고 있다.

"농사로 어느 정도 수익을 얻으셨나요?"

"지난해 강추위 때문에 블루베리 묘목이 많이 얼어 죽었어요. 아직은 불안정한 상태지만 미래를 보고 투자하는 중입니다."

"농장 운영이 잘되면 혹시 앞으로 더 늘려 갈 생각이신가요?"

"미래 직업으로 농업에 대한 비전을 갖고 있지만 무리해서 확장할 생각은 없습니다. 3~5천 평 정도 유지할 생각이에요. 앞으로 버섯 재배에 도전해볼까 합니다. 시설재배 시 겨울만 빼고는 수확이 가능하기 때문에 부가가치가 높거든요. 초기 투자비용이 많이 들더라도 장기적인 안목을 갖고 부가가치가 높은 걸 선택해야 수익을 올릴 수 있습니다."

그의 삶은 도시와 농장을 오가며 균형 있게 유지되고 있다. 아이들이 아직 어리기 때문에 집을 이사하기는 어려운 형편이고, 그 또한 안정적인 수익을 위해 자영업을 하면서 4일은 도시에서 3일은 농장에서 살아간다. 농장과 집을 분리해서 사는 형태는 앞으로도 계속 유지할 것이지만 정년퇴직을 하면 그때는 농장에서 보내는 시간이 훨씬 많아질 것이다. 농부로서의 삶을 지향하며 하루하루 도전하는 그의 미래가 기대된다.

에필로그

통일을 팔던 21세기 봉이 김선달에게 봄날이 왔다

한때 내 별명이 '봉이 김선달'이었다. 대동강 물 팔아먹던 그 김선달 말이다. 사람들은 한반도의 통일은 필연의 결과이며, 그렇게 되면 현재 저평가된 접경지역 부동산이 가장 매력적인 땅으로 변신할 거라는 내 말을 몽상가의 바람인 양 비웃었다. 내가 접경지역 부동산을 눈속임으로 팔아넘기려는 사람처럼 보였나 보다.

그들의 시선이 어떻든 나는 2012년부터 지금까지 꾸준히 접경지역 부동산에 투자해왔다. 남북관계가 '봄날'을 맞은 지금은 다른 사람들의 부러움을 한 몸에 받고 있다. 물을 돈 주고 사 먹는다는 사실을 이해할 수 없었던 시대에는 봉이 김선달의 행동이 '뒤통수 치는 황당함'이었을지 모르겠지만, 비싼 값을 치르고라도 좋은 물을 먹고 싶어 하는 현대에는 '생수 판매의 선구자'로 인정받는 것과 마찬가지다.

"아, 그때는 왜 몰랐을까요? 그 말 들었을 때 진작 그쪽에 투자할걸 그랬어요."

"지금도 늦지 않았습니다. 이제 시작인걸요. 우리나라는 통일과 더불어 새로운 출발점에 서면 미국, 일본, 중국이 우리 땅을 손아귀에 넣기 위해 덤벼들 것입니다. 우리가 우리 땅을 지키는 방법은 그들보다 먼저 투자하는 겁니다."

그동안 접경지대의 부동산 투자에 대해 알리기 위해 많은 글을 썼다. 개인 블로그와 SNS에 올리기도 하고 동호회에 꾸준히 정보를 업데이트하기도 했다. 책을 쓰기 위해 정보도 수집하고 차곡차곡 메모를 남겼다.

하지만 노무현 정부 이후 이명박 정부가 들어서면서 남북관계가 얼어붙어 금강산 관광이 중단되었고, 박근혜 정부 때는 남북교류의 최후 보루였던 개성공단마저 폐쇄되었다. 이후 남과 북은 적대관계 속에 놓였다. 상황이 이런 마당에 접경지대 부동산에 투자하려는 사람이 어디 있겠는가. 사람들의 관심도 점점 멀어졌다.

그럼에도 불구하고 나는 접경지대의 부동산에 계속 투자했다. 위기가 곧 기회라고 생각했다. 얼어붙은 남북관계 탓에 접경지역의 부동산 가격은 바닥에 이르렀고 덕분에 좋은 땅을 골라서 매입할 수 있었다. 친한 사람들은 나를 걱정했고, 그렇지 않은 사람들은 나에게 미쳤다고 했다.

하지만 냉전이 오래가지는 않을 것이라는 확신이 있었다. 유일한 분단국가인 한반도를 전 세계인이 지켜보고 있는 가운데, 북한도 더 이상 국민의 지난한 삶을 방관할 수 없으니 핵을 내려놓고 타협과 거래의 무대에 나설 수밖에 없으리라 판단했다. 또 국가 경제를 사업가적인 관점에서 접근하고 있는 트럼프 대통령이 미국 시장 확대를 위해 북한을 협상의 무대로 끌어낼 것이라 보았다.

현재 무엇보다 중요한 것은 노무현 정부 시절 청와대 민정수석과 비서실장을 거친 문재인 대통령이 김대중·노무현 정부의 통일외교안보 정책이 왜 실패했는지를 잘 알고 있다는 사실이다. 같은 실수를 반복하지 않기 위해 문재인 정부는 보수언론과 진보언론을 두루 아우르고 국민의 소리에 귀를 기울이면서 미국과 북한을 자연스럽게 협상의 테이블 위에 앉혔다. 사업가인 트럼프가 어떤 카드를 꺼낼지는 대략 짐작이 가능하다.

남북관계의 변화와 더불어 나에게도 큰 변화가 생겼다. 나를 '돈키호테'나 '또라이'쯤으로 취급하던 사람들이 태도를 바꿔 투자 자문을 청하기 시작한 것이다. 접경지역 부동산뿐만 아니라 다양한 대북투자 사업에 대해 궁금해하고, 사업제안서를 들고 와서 함께 해보자는 제안도 했다. '통일? 그게 되겠어?' 하던 사람들이 '어? 이러다가 10년 안에 통일되는 거 아냐?' 하면서 통일에 대해 관심을 갖기 시작했다.

이런 일도 있었다. 남북정상회담 이후, 파주시 군내면 정자리에 맹지 약 3,000평이 공매로 나왔다. 감정가는 평당 9만 원대. 이미 4

차례나 유찰된 상태였다. 관심을 갖고 지켜보고 있던 터라 고민 끝에 최저가인 1억 8천 600만 원보다 500만 원 더 많은 1억 9천 110만 원에 입찰했다. 몇 개월 전까지만 해도 평당 5만 원대, 전체 1억 5천만 원 정도면 낙찰이 가능한 맹지였으나 상황이 달라졌으니 그보다 조금 더 낙찰가가 오를 것이라 예상하고 높여서 입찰했다.

그런데 놀라운 결과가 나왔다. 낙찰가가 감정가의 1.7배인 4억 3천만 원대였다. 다른 물건으로 착각한 건 아닐까 싶어서 몇 번을 확인해봤지만, 평당 15만 원대에 낙찰된 것이 확실했다. 너무 큰 변화에 나조차도 어리둥절할 지경이다. 이후 흔했던 매물이 단시간에 '거래 완료'되면서 씨가 말랐고, 남아있는 몇몇 매물은 가격이 고공행진 중이다. 접경지역 땅값이 최근 몇 개월 사이 많이 올랐다. 하지만 이건 시작에 불과하다. 본래 가치를 따진다면 다른 지역에 비해 여전히 말도 안 되는 헐값이다. 약간의 부침이 있더라도 접경지역 부동산은 계속 상승할 것으로 전망된다.

얼마 전 청와대에서는 남북 정상의 '판문점 선언' 후속조치로 '북한 산림녹화사업'을 발표했다. 해마다 홍수 피해를 겪는 북한에 산림사업을 지원함으로써 인도적인 차원에서 납북협력의 첫발을 떼겠다는 것이다. 실제로 청와대는 기존 남북정상회담 준비위원회를 이행추진위로 전환하고, 남북관계발전·비핵화평화체제·소통홍보 등 3개 분과를 두기로 결정했다. 특히 남북관계 발전 분과에 '산림협력연구 태스크포스(TF)'가 먼저 설치된다.

물론 당장 이루어질 일은 아니지만, 북한에 무성한 산림을 조성하려면 묘목이 필요하고 우리나라는 현재 북한에 지원할 묘목을 충분히 보유하지 못하고 있는 상태다. 눈치 빠른 사람이라면 접경지역의 토지를 매입한 다음 어떻게 활용해야 할지 벌써 머릿속에 전개도를 그리고 있을 것이다. 이것이 미래를 내다보는 투자다. 산림녹화 이후 어떤 협력이 이루어지고, 관계가 어떻게 발전할 것인가를 예측한 다음 남보다 한발 앞서서 그 길을 가는 것이다.

　'평화나무재단'과 '농업법인 백두산'을 설립한 것은 그 길이 보다 수월하게 열리길 바라는 마음에서다. 길을 열어 놓으면 많은 사람이 관심을 갖고 동참할 것을 믿기 때문이다. 애국하면서 투자 수익을 올리는 것, 이것이 궁극의 '착한 투자'가 아닐까 한다.

　그간 내 생각에 공감하고 든든하게 지지해준 친구 김혜정에게 감사한다. 나의 부족함을 지적하고 이끌어준 평화나무재단 대표 변세환 선배에게도 감사의 말씀을 전한다. 지향점이 같은 동지를 만난다는 것은 인생의 가장 큰 행운이다. 통일 조국, 백두산에 나무를 심고 평양에서 냉면을 같이 먹으면서 그들과 함께 오늘을 얘기할 날이 있으리라고 기대해본다.

2018년 우백

노후를위해 접경지역^{DMZ}에 투자하라

2018년 10월 1일 초판 1쇄 인쇄
2018년 10월 8일 초판 1쇄 발행

지은이 | 우백 · 김혜정
펴낸이 | 이준원
펴낸곳 | (주)황금부엉이

주소 | 서울시 마포구 양화로 127 (서교동) 첨단빌딩 5층
전화 | 02-338-9151
팩스 | 02-338-9155
인터넷 홈페이지 | www.goldenowl.co.kr
출판등록 | 2002년 10월 30일 제 10-2494호

본부장 | 홍종훈
교정 | 주경숙
본문디자인 | 윤선미
전략마케팅 | 구본철, 차정욱, 나진호, 이동후, 강호묵
제작 | 김유석

ISBN 978-89-6030-511-3 13320

황금부엉이에서 출간하고 싶은 원고가 있으신가요? 생각해보신 책의 제목(가제), 내용에 대한 소개, 간단한 자기소개, 연락처를 book@goldenowl.co.kr 메일로 보내주세요. 집필하신 원고가 있다면 원고의 일부 또는 전체를 함께 보내주시면 더욱 좋습니다. 책의 집필이 아닌 기획안을 제안해 주셔도 좋습니다. 보내주신 분이 저 자신이라는 마음으로 정성을 다해 검토하겠습니다.